리더십,
난중일기에 묻다

저자 _ 김윤태

사람과 조직을 변화시키는 리더십 전문가
20년간 이순신 장군을 연구한 '이순신 마니아'

중앙대학교에서 경영학을 전공하고 동 대학원에서 인사조직을 전공한 저자는 대학 졸업 후 잠깐의 대기업 생활을 마치고 창의적 도전을 시작했다. 출판사, 광고회사 등을 운영하며 청년사업가로 다양한 경험을 쌓다가, 2000년부터 기업교육계에 진출하여 대기업과 관공서 등에서 리더십 강사로 활약 중이다. 특히 이순신 장군의 철학을 분석, 오늘날의 기업 현장에 적용하여 호평을 받고 있다.

저자가 기업 교육에 힘쓰는 이유는, 사람이 희망이기 때문이다. 건강한 정신력으로 무장한 사람은 어떤 역경도 극복하고 목표를 이뤄낸다. 교육은 사람을 성장시켜주는 중요한 과정이다.
저자는 오늘도 사람과 조직이 변화하여 함께 행복해질 수 있는 방법을 연구하고 있다. 현재 체인지(體認知)컨설팅 대표로 기업과 대학에서 리더십을 강의하고 있다.

- 블로그: http://blog.naver.com/kyt2633
- 이메일: kyt2633@nate.com
- 유튜브: '역싸이트TV' 검색(https://url.kr/qpLtJU)

조직을 세우고 팀원을 성장시키는 자기경영 리더십

리더십, 난중일기에 묻다

김윤태 지음

BM (주)도서출판 성안당

감동 그 이상을 전하고 싶다

대학 시절 가장 많은 시간을 할애해 기쁨을 얻은 것이 역사 탐구였다. 어느날 시험공부를 함께하기로 한 친구의 방에서 〈난중일기〉라는 책을 발견했다.

"너, 이런 책도 읽냐?"

"응. 아버지가 입학선물로 주신 건데, 아직 한 장도 못 읽었어. 너 보려면 봐."

"나도 별로."

우린 내일 있을 시험공부에 열중했다. 몇 시간 후 잠시 쉬다가 〈난중일기〉가 다시 눈에 들어왔다. 어떤 내용인지 궁금해서 목차를 훑어 보던 중에 한 줄의 문장이 눈에 들어왔다.

처음 듣는 말이었다. 국사책에서 배웠던 이순신의 삶이 전부가 아니었고, 그 이상의 것이 있다는 사실을 처음 알게 됐다. 그날 그 책을 처음부터 끝까지 모두 읽었다. 다음날 시험을 망치긴 했지만, 후회는 하지 않았다. 가슴이 뜨거워졌다. 이것이 이순신 장군과 나의 첫 만남이었다.

이순신의 모든 면면을 속속들이 알고 싶었다. 이후 이순신의 역사와 기록들을 찾는 것은 내 삶에 큰 기쁨과 즐거움이 됐다. 때로는 감동으로, 때로는 안쓰러움으로 눈물을 흘리기도 했다. 나는 차츰 '이순신 덕후'가 돼 갔다.

바쁘게 생활하면서도 이순신 장군에 관한 연구를 손에서 놓지 않았다. 2002년부터 리더십 전문가로 기업에서 강의를 시작하면서 이순신 장군의 리더십을 많은 사람에게 알려야겠다고 결심했다. 약 400년 전의 인물이지만, 그의 리더십은 오늘날 기업 현장과 개인의 삶에 적용하기에 손색이 없다. 예상했던 대로 강의에 대한 청중의 반응은 뜨거웠다. 많은 기업이 이순신 장군의 리더십에서 큰 깨달음을 얻었고, 개인적인 면면을 통해 많은 감동을 얻었다.

이순신 리더십으로 강의한 지 벌써 15년에 접어들었다. 그동안 많은 기업에서 재미와 감동이 섞인 이순신 리더십을 강의하며 보람을 찾았다. 장군의 이야기에는 사람들을 변화시키는 힘이 있다. 강의 현장에서 그것을 깨달으면서 좀 더 큰 포부가 생겼다. 내가 사랑하는,

아니 한국인이 가장 사랑하는 이순신 장군의 리더십에 대해 책을 써야겠다고…. 그래서 부족한 글재주를 무릅쓰고 글을 쓰게 됐다.

한국인들은 왜 이순신을 사랑할까? 그의 삶이 인정받는 것은, 단지 그가 임진왜란 때 23전 23승이라는 신화(神話)를 만들었기 때문만은 아니다. 누가 봐도 승리를 장담하기 어려운 상황에서 결코 포기하거나 피하지 않고 책임을 다한 성실함과 올곧음이 그를 사랑하지 않을 수 없게 만든 것이다. 그는 너무도 인간적인 영웅이었다.

이순신 장군을 소재로 한 책이 현재까지 무려 1,700권이 넘는다고 한다. 장군에 대한 깊은 존경과 애정의 결과물들이다. 하지만 이 책들이 대부분 역사서로 끝나 아쉬웠다. 내가 장군에 관한 책을 쓴 이유는 역사적 업적뿐 아니라 오늘날에도 충분히 적용할 수 있는 리더십을 가진 장군을 보여주고 싶었기 때문이다. 장군은 나와 동떨어진 영웅이 아니라 나와 똑같이 숱한 고뇌와 번민을 하고, 온갖 역경에 맞닥뜨린 사람이었다. 그와 나의 차이는 역경에 맞서 일어섰는지 주저앉았는지의 차이일 것이다.

우리가 사는 시대는 400년 전처럼 총칼이 난무하는 전쟁의 시대는 아니다. 하지만 그에 못지않은 치열함이 있다. 이러한 현재를 살아가는 우리에게 필요한 그 무언가를 장군에게서 찾을 수 있으리라 믿는다. 장군이 임진왜란이란 전쟁터에서 살아남기 위해 발휘했던 리더십과 능력은 우리가 활용하기에 충분한 것들이다. 그래서 장군의 삶과 전쟁터에서 승리할 수 있었던 요소들에서 12개의 리더십 주제를 뽑아냈고, 이를 세 장에 나눠 담았다.

책을 읽는 방법

이 책은 총 4장으로 구성되어 있다. 앞서 설명한 것처럼 1장부터 3장까지는 이순신의 리더십 12가지를 기술했다. 장별로 4개의 리더십 주제로 나눠, 400년 전 이순신의 역사와 현재 우리에게 필요한 리더십을 균형 있게 기술했다. 4장은 임진왜란과 이순신의 역사를 전반적으로 조망했다.

임진왜란과 이순신의 역사를 어느 정도 알고 있거나 리더십에 초점을 맞춰 읽기 원하는 독자는 1장부터 순서대로 읽어도 무방하다. 임진왜란과 이순신의 역사에 대해 이해가 더 필요하거나 역사적 흐름을 순서대로 이해하고 싶은 독자는 4장 '이순신, 그를 만나다'를 먼저 읽고 1장으로 넘어가는 것이 장군을 이해하는 데 도움이 될 것이다.

1장. 자기확신(自己確信) _ 자신에 대한 믿음

1장에서는 자신의 정체성과 분명한 역할 인식에 대한 중요성을 다뤘다. 자신감을 갖기 위해서는 무엇보다 자기 자신을 잘 알고, 삶의 방향을 분명히 이해하는 것이 중요하다. 자신을 잘 안다는 것은 역할과 위치에 따른 '본질'을 이해하고 있다는 것을 의미한다. 그래야만 이리저리 휘둘리지 않고 능동적으로 성과를 향해 집중하게 된다.

2장. 만전지계(萬全之計) _ 치밀한 계획과 준비

2장에서는 조선 수군을 최적화한 원동력에 관해 기술했다. 정보수집과 치밀한 전략을 통해 조선 수군의 한계를 극복했으며, 끊임없는 학습과 사전준비로 승리의 발판을 만들어 낸 만전지계의 중요성을 볼 수 있다. 경제 전쟁 시대를 살아가는 우리에게 필요한 만전지계는 무엇인지 찾을 수 있기 바란다.

3장. 필사즉생(必死卽生) _ 필사적으로 살고자 했던 도전

3장에서는 승리를 위한 인내와 도전 그리고 창의와 책임감으로 이뤄낸 성과에 관한 내용을 기술했다. 이전에 없었던 '창의적인 발상'과 '혁신적인 도전'이야말로 절대열세에 있는 조선을 구할 수 있는 유일한 방법이었다. 이순신은 그것을 알았다. 그리고 결국 목숨을 건 책임감으로 성과를 창출해냈다.

환경을 탓하는 대신 방법을 찾으려 했던 도전정신에 대해 이 시대 리더들과 공감하고 싶었다.

4장. 이순신, 그를 만나다

4장에서는 명량해전, 한산해전, 노량해전을 승리로 이끈 빅 보스(BIG BOSS) 이순신의 삶과 전투 그리고 시대적 상황을 전반적으로 조망해본다. 이순신과 그 시대의 역사에 대해 알아야 할 사실들을 정리했다.

오늘날 우리나라 곳곳에 위기의식이 만연해 있다. 개개인에게, 회사와 사회에서 위기를 구할 리더십이 필요하다. 내가 제시하는 해법은 바로 이순신 리더십이다.

내가 보는 이순신 장군은 세간의 통념과는 다르다. 장군은 죽음을 불사한 것이 아니라 반드시 살고자 하는 리더십을 가졌다. 반드시 살고자 하는 마음으로 죽기 살기로 매달렸기에 위기에 빠진 나라와 백성을 구할 수 있었다. 그의 리더십은 죽음을 각오한 게 아니라 죽기 살기로 살려고 했던 리더십이었다. 이 책은 치열하게 노력했던 이순신의 다양한 모습, 23전 23승의 성과에 빛나는 리더십의 근원을 담고 있다.

30년 간의 연구와 15년 간의 이순신 리더십 강의를 바탕으로 독자들이 재미있게 읽고 쉽게 이해할 수 있도록 글을 구성하려고 노력했다. 첨단 장비와 인공지능이 중요하다고 하지만, 감히 기계가 따라잡을 수 없는 인간의 위대한 리더십을 자랑스러운 우리의 역사에서 찾았으면 한다. 리더 이순신의 삶과 전투를 통해 우리의 삶을 개척하고 발전시킬 수 있는 영감과 배움이 있기 바란다.

우리에게는 절체절명의 국난을 극복한 이순신의 강인한 리더십의 피가 흐른다. 이 책을 통해 당신의 피 속에 잠자고 있는 이순신 리더십이 잠에서 깨어나기를 진심으로 바란다.

이 책이 나오기까지 도움을 주신 많은 분께 깊은 감사를 드린다. 항상 등 뒤에서 응원해주고, 바른 기준으로 글을 쓸 수 있도록 영감을 준 서울시립대학교 김종욱 박사님께 감사드린다.

형으로서 올바른 삶의 모습을 실천하고, 사랑의 모범을 보이며 늘 지원을 아끼지 않은 강동진 장로님께 감사드린다.

초고부터 원고의 완성까지 함께 고민하고 전문가적 시각으로 이끌어준 엔터스코리아의 박보영 팀장과 책 홍보에 힘을 써준 양원근 대표, 멋진 책으로 만들어주신 출판사 관계자분들에게 감사드린다. 또한 늘 힘이 돼준 사랑하는 가족들과 기도로 지원해주신 형제들에게도 감사드린다.

이강웅 _ 항공대학교 총장

치열한 경쟁에서 승리하려면 혁신적인 기술이 필요하다. 이순신 장군의 절체절명의 상황에서 승리한 전략은 오늘의 치열한 경쟁사회 속에 있는 우리에게 많은 교훈을 준다. 먼저 나 자신을 분석하고 도전하여 이기겠다는 마음의 무장을 하고 상대방을 철저히 분석하고 전략을 세운 후 필사적으로 싸운다. 이것이 승리의 기술이다.
철저하게 승리하는 기술을 연구한 장군의 노력이 놀랍다.

이광석 _ 인쿠르트(주) 대표이사

책을 읽는 내내 소름이 끼쳤다. 그는 영웅이 아니라 사람이었다. 인간적인, 너무나 인간적인 그의 모습에 가슴이 뭉클해진다. 만약 장군을 만나 뵐 수 있다면, 따뜻한 술 한잔 대접해 올리고 싶다. 그 무거웠던 어깨에 진심으로 감사하다고 이야기하고 싶다.

한명수 _ 세중해운 대표이사

4.0 세대의 주역들이 미래를 준비하는 이 시점에 왜 다시 이순신일까? 우리는 진정 그의 진면목을 제대로 깨닫지 못하고 있다. 이순신

장군이야말로 진정 자기경영의 신이다. 경영 및 조직 관리의 롤모델, 멘토를 찾고 있는 이에게 꼭 추천해 주고 싶다.

한성권 _ 중외제약 대표이사

이순신 장군에 대한 역사적 지식뿐 아니라 오늘을 사는 우리가 삶의 현장에서 적용할 내용들까지 자세히 담겨 있다. 과거의 이야기인 줄 알았는데 우리 이야기가 더 많다. 방대한 자료를 수집하고 현대적 관점에서 해석해낸 저자의 노고에 박수를 보낸다.

홍은택 _ 카카오 메이커스 대표이사 / 카카오 수석부사장

책을 읽는 내내 나는 어떤 리더인가, 우리 회사엔 어떤 리더가 있는가 하는 물음이 머릿속에서 떠나지 않았다. 책에서 나오는 것처럼 자기인식과 상황인식을 명확히 하고 그 차이를 조정하려는 노력을 하고 있는가? 이순신이 21세기의 매니저들에게 묻고 있다. 당신은 어떤 리더인가?

홍정길 _ 남서울은혜교회 원로목사 / 밀알복지재단 이사장

현재의 어려움과 주변 사람들의 오해 그리고 가진 것의 부족함에 탄식하며 주저앉을 때마다, 부정적 상황에 시선을 빼앗기지 않고 최선을 다해 난관을 극복한 이순신 장군을 보며 큰 교훈을 얻었다. 그 분의 생애는 어떤 어려움이 있어도 절망하여 주저앉아서는 안 된다는 사실을 일깨워준다. 이 책이 진정한 리더십을 갈구하는 우리 한국 사회의 표본이 되기를 간절히 바란다.

차례

3장 이순신의 리더십 3 _ 필사즉생(必死則生) _ 116

4장 이순신의 역사 _ 이순신, 그를 만나다 _ 170

왜 다시 이순신인가?

통합의 구심점이 필요한 시대

임진왜란이 일어난 지 정확히 200년이 지난 1792년, 정조는 이순신 장군의 업적을 기리기 위해 장군을 영의정으로 추증한다. 장군이 아니었으면 풍전등화의 조선이 어찌 됐을지 모르는 일이라며 이같은 지시를 한다.

또한 정조는 이순신 장군의 기록을 체계적으로 정리하도록 지시했다. 정조는 규장각의 윤행임과 유득공에게 이순신 장군의 삶과 업적을 기록하고 그가 남긴 일기를 모아 책으로 만들게 했다. 임금의 전폭적인 지원 아래 3년만인 1795년(정조 19년), 14권 8책에 이르는 전집이 완성되는데, 그것이 바로 〈이충무공전서〉이다. 〈이충무공전서〉 중 5~8권까지가 장군이 쓴 〈난중일기(亂中日記)〉이다.

장군은 임진왜란이 일어난 해인 1592년 1월부터 마지막 전투인 노량해전을 앞둔 1598년 11월 17일까지 일기를 썼다. 장군은 일기를 쓸 때 따로 제목을 적지 않았고 해마다 묶어 표지에 '임진일기', '병신일기' 등으로 표기했다. 정조 때 〈이충무공전서〉를 편찬하면서 이 일기들을 묶어 '전쟁 중에 쓴 일기'라는 의미로 난중일기라는 이름을 붙이게 된 것이다. 장군이 쓴 난중일기 친필본과 〈이충무공전서〉에 수록된 내용은 다른데, 이는 편찬자들이 친필본을 옮겨 적으면서 빼거나 생략한 내용이 있어서다.

정조가 200년 전의 장수인 이순신 장군에 주목하고 〈이충무공전서〉를 만들었던 이유는 무엇일까? 나라를 위기에서 구한 훌륭한 인물의 삶을 기리고 신하와 백성들에게 본이 되게 하고 싶었을 것이다. 환경을 탓하지 않고 불굴의 책임감과 리더십으로 역경을 극복하고 자신이 속한 공동체를 구원하는 리더는 시대를 막론하고 언제나 주목받는다. 21세기를 사는 우리에게도 이순신 장군의 리더십은 꼭 필요하다.

장군은 나홀로 영웅이 아니었다. 부하장수들, 이름 없는 백성들, 노비들에 이르기까지 그들의 최선을 이끌어낸 훌륭한 리더였다. 국난(國難)이라는 절체절명의 위기에 그들이 하나가 될 수 있었던 것은 구성원들을 단합시킬 수 있었던 통합의 리더십이 있었기 때문이다.

오늘날 우리의 조직은 어떤가. 조직의 리더나 CEO라면 내가 속한 혹은 이끄는 조직에 통합의 구심점이 있는지를 점검해봐야 한다. 과연 나 자신이 그러한 사람인지도 자문해봐야 한다.

각 부문 및 부서 간의 협력을 끌어내지 못하면 통합은 불가능하다. 그리고 협력은 배제가 아닌 참여에서 시작된다. 누군가를 소외시키거나 제외하는 게 아니라 모두가 최선을 다하게 해야 한다는 것이다. 서로 생각이 다른 구성원들이 하나의 목표를 위해 뭉치는 건 쉬운 일이 아니다. 그래서 리더의 역할이 그만큼 중요하다. 약간의 진통이 있을지라도 모두가 참여해서 시너지를 발휘할 수 있는 리더십을 발휘할 수 있어야 한다. 배타적인 사고방식으로는 한계가 분명하기에 장기적인 안목으로 상생할 수 있는 통합적 사고방식으로 리더십을 발휘해야 한다.

국가도 기업 조직과 다르지 않다고 생각한다. 철학과 이념이 다른 사람들 사이에서 이견이나 갈등은 존재할 수 있다. 하지만 이것이 분열로 발전해서는 안 된다. 오늘날의 국내외 사정은 어찌 보면 과거보다 훨씬 더 복잡하다. 그래서 국가 지도자들에게 더욱더 통합의 리더십이 절실히 요구된다. 이순신 장군의 리더십을 오늘날의 우리가 알아야 하는 절대적인 이유다.

조선의 백성들은 장군을 믿고 따르면 살 수 있다는 희망을 품었고, 병사들은 장군을 믿고 싸우면 승리할 수 있다고 확신했다. 우리에겐 이런 희망과 확신이 필요하다. 장군은 400년을 거슬러 올라가야 만날 수 있는 과거의 인물이다. 그러나 나라를 위해 헌신하는 애국심과 백성을 아끼는 애민 정신, 13척으로 명량해전을 준비하며 느꼈을 고독과 두려움을 극복하고 위기를 돌파해낸 이순신의 리더십이야말로 국민이 애타게 찾던 참된 리더십일 것이다.

갑질을 경계했던 진정한 '갑' 이순신

우리나라는 전통적으로 예의와 위계질서를 중요하게 생각해왔다. 서로 간에 예의를 지키고 직급과 직책에 따른 질서가 있어야 혼란과 혼선 없이 공동의 목표를 달성할 수 있다. 오늘날의 조직 생활에서도 이러한 것들이 필요하다. 그러나 직급, 직책에 따른 예의와 위계질서만 강조하다 보면 조직문화가 경직되기 쉽다. 상명하복의 기계적이고 경직된 분위기가 어떤 폐해를 낳는지 주위를 돌아보면 많은 사례를 찾을 수 있다.

장군은 철저한 원리원칙주의자였고, 조직도 체계적으로 질서 있게 운용했으나 사람을 대할 때 진심을 전하려고 노력했다. 비록 신분이 미천한 노비라 하더라도 말이다.

1592년 2월 21일. 맑음.
공무를 본 뒤, 주인(主人)이 자리를 베풀고 후련용 화살을 쐈다. 정 조방장(丁助防將)이 와서 만났다. 황숙도가 와서 함께 취했다. 배수립도 나와 같이 술잔을 나누며 즐기다가 밤이 깊어 헤어졌다. 사령 신홍헌을 시켜 빚어놓은 술을 전날 심부름했던 삼반하인 등에게 나눠 마시게 했다.

이는 임진왜란이 일어나기 두 달 전에 기록된 일기로, 흥양현(전남 고흥의 옛 지명)에서 지휘관들과 술을 마시며 모임을 가진 기록이다. 여기서 주인은 흥양현감 배흥립, 정 조방장은 정걸 장군, 황숙도는 능성현감(능성은 전남 화순의 옛 지명) 황승헌, 배수립은 배흥립의 동생이다. 정걸 장군은 백전노장으로 이순신 장군이 멘토이자 스승처럼 여긴 인물이다(정걸은 용맹했고, 전략전술에도 뛰어났다. 조선 명종 때 개발된 판옥선은 정걸 장군이 만든 것으로 알려져 있다. 임진왜란 때 이순신 장군과 함께 활약하며 많은 공을 세웠으며, 정유재란이 일어난 해에 83세의 나이로 사망했다).

이렇게 중요한 인물들과 술잔을 나누는 내용에 등장한 사람이 삼반하인이다. 삼반하인(三班下人)은 지방 관아 소속의 아전이나 노비를 뜻한다. 장군은 그들에게 따로 술을 전달해 나눠 마시게 했다. 장군은 자신보다 신분이나 직급이 낮은 아랫사람에게도 예의를 갖춰 대하고 배려했다. 명령을 앞세우지 않고 부하 장수들의 말에 귀를 기울이며 자유롭게 의견을 교환했다. 신분이 낮고 천한 노비들에게도 온정을 베풀었다. 엄격한 신분 사회였던 조선 시대임에도 장군에게 '갑질'은 찾을 수 없었다. 이것이 리더 이순신의 참모습이다.

모든 사람을 따뜻한 마음으로 대했던 장군의 성품은 전쟁 중 그가 쓴 각종 장계에도 나타난다. 양반뿐만 아니라 평민과 노비 상관없이 자기 역할과 책임을 다한 사람을 인정하고, 그들의 공을 빠짐없이 기록해 포상을 받도록 했다. 장군이 적과 싸울 때 사회적 위상이 낮은 아녀자와 신분이 비천한 노비들까지 협력했던 것도 장군이 백성을 사랑하는 애민 정신이 충만한 리더임을 모두 알고 있었기 때문이다.

바람직한 조직문화는 원리원칙을 엄격히 지키면서도 그 안에서 자유와 존중이 공존한다. 갑질을 하지 않고도 구성원 모두에게 자발적이고 최선의 협력을 끌어낸 장군의 리더십을 눈여겨봐야 한다.

무(無)에서 유(有)를 만들어내는 리더

많은 이들에게 이순신 장군은 태생부터 장군, 영웅으로 인식된다. 우리가 어릴 때 읽은 위인전을 기억해보면 위인이 태어날 때는 하늘의 별이 떨어지고 신령한 존재가 집에 찾아오기도 하지 않던가. 애초부터 보통 사람들과 달랐으니 그의 놀라운 성과도 그럴만하다고 여기는 것이다.

하지만 이순신 장군은 우리와 별반 다름없는 범인(凡人)이었다. 집안이 엄청 좋았던 것도 아니고, 별나게 운이 좋지도 못하며, 성공가도를 달렸던 것도 아니다. 그를 알아봐주는 사람도 있었지만, 알아보지 못하고 혹은 시기해서 그를 내친 사람들도 있었다. 운이 없었던 관직 생활, 두 번의 옥사와 백의종군, 오랫동안 키워온 함대를 하루아침에 잃은 전쟁의 패배(칠천량해전), 어머니와 아들의 죽음까지…. 한 인간의 삶에 이 정도로 한꺼번에 위기가 닥치는 것이 가능한가 의아할 정도다.

그러나 이순신 장군은 그 모든 위기를 극복하고 23전 23승이라는 놀라운 전공을 이룩했다. 일본의 침략에 속절없이 당하던 전세를 뒤집었고, 기나긴 7년 전쟁을 마침내 승리로 이끌어냈다. 이러한 빛나는 성과는 이순신이 날 때부터 위대한 영웅이어서가 아니라, 노력가였기 때문이다. 다양한 지식을 열심히 탐구하고 전략을 치열하게 연구했다. 재주가 뛰어난 게 아니라, 가진 재주를 각고의 노력으로 갈고 닦아 발전한 사람이라고 표현하는 게 더 정확할 것이다. 마지막으로 자신이 속한 조선이라는 나라와 백성을 깊이 사랑하는 마음이 있었다. 이러한 삶의 자세와 마음가짐으로 수백 년 동안 잊혀지지 않는 업적을 이룩했다.

✓ 자신에게 불리한 상황을 탓하지 않고 스스로 이겨내는 도전가
✓ 열세의 상황을 현명하게 극복하는 창의적 혁신가
✓ 정의 앞에 물러섬이 없는 원칙주의자
✓ 솔선수범으로 모범을 보여준 행동하는 리더십
✓ 막강 정보력으로 최선의 작전을 구사한 치밀한 전략가
✓ 세 번의 파직과 두 번의 백의종군에도 꺾이지 않는 애민 정신의 소유자

이 책은 인간 이순신이 성웅으로 거듭날 수 있었던 리더십을 탐구해 오늘을 사는 우리가 그 리더십을 본받을 방법을 알려주고 있다. 이순신은 단지 역사라는 과거에 박제된 인물이 아니라 오늘날 개인과 조직에 위기를 극복하는 리더십을 전해주는 훌륭한 멘토이다.

삶의 위기를 극복하고 싶은가? 어려운 비즈니스 환경을 극복하고 성과를 내고 싶은가? 지금 당장 성웅 이순신을 만나라!

자기확신이란, ‘자신에 대한 믿음’으로
자기의 삶과 세상을 대하는 자신감이다.
나는 누구인가? 무엇을 해야 하나?
어떻게 해야 하나? 어디로 가야 하나?
이러한 질문에 대해 명확한 답을 갖고 있는 것이다.
자기확신이 분명한 사람은 이리저리 휘둘리지 않는다.
어려운 역경 속에서도 의욕이 샘솟고 능동적으로
성과를 향해 집중하게 된다.
이순신처럼 말이다.

자기확신이 없었다면 이순신의 역사는 존재할 수 없었다.

1장

이순신의 리더십 1

자기확신

(自己確信)

붓을 놓고
칼을 들다

정통 문신 집안 출신, 무신의 길을 가다

이순신 장군이 무신 출신인 걸 모르는 사람은 없을 것이다. 이순신이란 이름 뒤에 늘 장군이란 직책이 따라다니니 말이다. 해가 동쪽에서 떠서 서쪽에서 지는 것이 너무 당연한 진리인 것처럼 이순신이란 인물은 태어날 때부터 장군이었던 것처럼 인식된다.

그런데 이순신의 집안이 정통 문신 집안이라는 사실을 아는 사람은 많지 않다. 이순신의 증조부 이거(李据)는 성종 때 세자(연산군)의 강관(임금이나 세자가 경연이나 서연을 할 때 경서 등을 강론하는 문관)이었고, 성종과 연산 두 대에 걸쳐 대관(臺官, 탄핵*감찰 등을 담당한 관료)을 지냈다. 학식이

깊고 인품이 훌륭한 사람이 임금과 세자를 가르치는 직책을 맡았다는 점을 고려하면, 이거는 당대에 인정받는 학자였을 것이다. 하지만 이순신의 조부 이백록(李百祿)과 아버지 이정은 과거에 급제하지 못했던 것으로 전해진다. 이백록이 중종 때의 기묘사화(훈구파에 의해 신진 사대부가 숙청된 사건. 조광조가 사약을 받았고 많은 젊은 사대부가 파직, 귀양을 갔음)와 연루돼 관직에 오르지 못했다는 이야기도 있지만, 실록이나 류성룡의 〈징비록〉 등에 따르면, 그는 가문의 덕으로 종8품의 낮은 관직을 받은 적이 있다고 한다. 이때부터 가문의 영광은 조금 퇴색됐을 것으로 보인다. 이순신의 집안은 이순신이 16세 때 한양 생활을 접고 충남 아산으로 내려가서 살게 된다(이순신의 할머니와 어머니가 초계 변(卞) 씨로 그 집안이 아산에 있었기에 그곳에 둥지를 틀었던 것으로 보임).

그렇다고는 해도 이순신이 유서 깊은 문신 집안 출신이라는 건 변함없는 사실이다. 경제적으로 넉넉하진 않았지만 심각한 수준은 아니었던 것으로 보인다. 〈초계 변씨 별급문기〉(재산을 증여할 때 쓰는 문서)를 보면, 이순신이 1576년 무과에 급제하는데 어머니 변씨가 이를 축하하면서 이순신과 형제들에게 토지와 노비를 나눠줬다는 기록이 있다. 이순신의 처가는 매우 부유했다. 장인인 보성군수 방진은 재산이 많았는데, 이를 노린 강도가 집에 침입했다가 방진이 쏜 화살에 맞아 도망간 기록이 있다. 외동딸인 장군의 아내 방씨가 재산을 물려받았을 것으로 추정되는데, 이는 이순신이 결혼 이후엔 가난하지 않았음을 예측할 수 있다.

문신 집안 출신에 재력도 어느 정도 있었던 이순신이 왜 무신의 길을 걷게 된 것일까? 고려 시대, 조선 시대 모두 무신보다는 문신이 우대를 받았던 상황이었는데 말이다. 이순신도 처음에는 문과를 준비했다. 그가 지은 〈난중일기〉나 여러 편의 시들을 보면 공부의 깊이나 문학적 재능이 절대 작지 않음을 알 수 있다. 공부할 때 희신, 요신 두 형과 함께 했지만, 그 재주와 실력이 형들을 뛰어넘었다고 한다. 하지만 결혼 직후인 22세 되던 해 책과 붓을 내려놓고 무예를 배우기 시작했고, 1576년 무과에 급제한다. 어떤 계기가 그를 무관의 길로 인도했을까?

문신 집안답게 문과를 준비했지만, 그는 일찍부터 자신이 무관으로서의 자질을 갖추고 있다는 사실을 알고 있었다. 이순신의 조카인 이분(李芬)이 지은 〈충무공행록(忠武公行錄)〉에 보면 공은 어릴 적에 동네 아이들과 놀 때면 항상 전쟁 놀이를 했고, 그때마다 아이들이 공을 대장으로 삼았다고 한다. 공은 언제나 활과 화살을 차고 다니며 도리에 어긋나는 일을 보면 아이, 어른 할 것 없이 활을 겨눠 쏘려고 했기 때문에 어른들도 그를 두려워했다고 한다.

이순신은 무인으로서의 완력도 보통 사람들보다 뛰어났다. 공이 선영에 성묘하러 갔을 때 무덤 앞에 세운 석상이 쓰러진 것을 발견하고 여러 명의 하인이 세우려 했지만 실패하자 그가 혼자 일으켜 세웠다고 한다. 〈선조실록〉에 류성룡이 '어릴 적부터 한 동네 살아서 잘 아는데 이순신은 장수될 자질을 가진 이'라고 조정에 천거했다는 기록이 있다. 모두 이순신이 무인으로서의 자질이 출중했음을 보여준다.

위대한 리더십의 원천, 자신의 '본모습'을 찾는 것

어리석은 자는 학문을 숭배하지만 현명한 자는 학문을 이용한다고 한다. 문을 숭상하고 무를 천시했던 시대였지만, 이순신은 자신의 정체성을 찾아 무인에의 길로 들어섰다. 문관으로서의 재능이 없었던 것은 아니지만, 무관으로서의 재능을 더 즐거워하고 귀하게 생각했기에 그렇게 결정하지 않았을까.

위대한 리더는 자신이 가장 잘할 수 있는 일, 자신이 가장 좋아하는 일, 자신이 가장 하고 싶은 일을 찾는다. 진정 참된 나를 발견하는 것이다. 자신의 정체성을 올바로 정립해 참된 나를 발견했을 때 진정한 자기 확신을 가질 수 있고, 목표했던 바를 이뤄낼 수 있다. 자기 본연의 모습을 찾는 것이 리더십 발휘에 매우 중요한 요인이다.

미국 하버드 경영대학원(HBS)의 리더십 전문가 스콧 스눅 교수는 '진정성 리더십(authentic leadership)'의 중요성을 강조한 바 있다. 진정성 리더십이란 자기 자신을 돌아보고 자기 생각과 감정을 숨김없이 나눠 구성원들과의 관계를 밀접하게 형성하는 것을 무엇보다 우선시하는 것을 말한다. 명확한 자기 인식을 바탕으로 확고한 가치와 원칙을 세우고 구성원들과의 신뢰가 형성된 관계 속에서 영향력을 끼치는 리더십이다.

진정성 리더십은 세 가지로 구분된다. 첫 번째로 자기 인식이다. 이는 나를 돌아보는 과정으로, 나는 누구이고 지금까지 어떤 삶을 살아왔으며 내가 좋아하는 것과 싫어하는 것, 또 무엇을 중요하게 생각하는지를 찾는 등 나의 본질에 관해 알아가는 과정이다.

둘째는 상황 인식이다. 자기 인식을 조직 차원의 인식으로 한 단계 넓히는 것이다. 조직 내에서 나에게 부여된 역할과 임무가 무엇인지 명확히 이해하고, 조직과 구성원들이 나를 언제 필요로 하는지, 나에게 무엇을 필요로 하는지 등을 찾아내어 정리하는 것이다. 명확한 자아 인식이 되어야 조직 내에서의 올바른 나의 역할을 찾을 수 있다.

셋째는 자기 조정으로, 자아 인식과 상황 인식을 통해 얻은 자신만의 역할과 리더십의 방향을 확고히 하는 것이다. 스스로 중요하게 생각하는 가치와 조직 차원에서의 중요 가치를 잘 조율하는 것이 중요하다.

이순신 장군은 일찍부터 자신의 정체성을 명확히 깨달았고, 이를 바탕으로 자신이 속한 조직, 더 나아가 나라를 위해 어떻게 일해야 하는지를 명확하게 정립했다.

당신의 '업무'와 '임무'는 무엇인가

자신의 정체성을 명확히 알고 있는 리더는 조직 내에서 자신이 해야 할 일을 정확히 알고 있다. 정체성은 한 마디로 '나는 누구이고, 어떤 일을, 누구를 위해, 왜 하는가?'를 의미한다. 이것을 깨달으면 우리가 조직 내에서 어떻게 일해야 하는지를 알 수 있다. 여기서 기억해야 할 것은 조직 내에서 내가 할 일에 두 종류가 있다는 것이다. 바로 업무와 임무이다.

내가 기업 강연이나 컨설팅을 하면서 이 두 가지의 의미를 사람들에게 물으면 갖가지 답변이 나온다.

"업무? 임무? 비슷한 거 아닌가요? 잘 모르겠는데요."

"업무는 금방 끝내야 하고, 임무는 오래 걸리는 것 같아요."

"업무는 내가 만드는 것이고, 임무는 위에서 만들어준 것이 아닐까요."

"업무는 일상적인 일, 임무는 특별한 일?"

당신의 답변은 어떤가. 아마 위의 답변들과 큰 차이가 없을지도 모르겠다. 얼핏 보면 비슷해 보이는 이 두 단어는 다른 뜻이 있다. 먼저 임무는 '내가 조직 안에서 궁극적으로 달성해야 하는 목표'를 말한다. 예를 들어 영업부의 임무는 회사의 매출 증대가 궁극적으로 달성해야 할 목표'다. 그렇다면 업무는 무엇일까? '임무를 달성하기 위해 내가 매일 하는 행위'이며, '매뉴얼로 정리할 수 있는 일'을 말한다. 거래처를 관리하고, 매장의 상품을 관리하고, 시장 상황을 관찰하고, 경쟁사의 동향을 파악하는 등의 행위를 말한다. 즉, 당신이 그 업무를 왜 하는지에 대한 답이 임무다.

✓ 업무 : 무엇을 하는가?(What do you do?)

✓ 임무 : 왜 하는가?(Why do you do it?)

업무와 임무에 대한 이해를 돕기 위해 사례 하나를 소개하겠다. 갑돌이는 한 대형 마트의 시간제 근무를 하고 있다. 그가 맡은 일은 김장철을 맞이해 한시적으로 원가 5,000원짜리 배추를 3,000원에 할인 판매하는 것이었다. 하루 동안 판매해야 할 배추는 1,000포기이다.

갑돌이의 업무는 무엇인가? 위에 언급한 내용처럼 하루 동안 '배추를 3,000원에 판매하는 것'이다. 그렇다면 갑돌이의 임무는 무엇일까?

답이 생각나지 않는가? 갑돌이에게 일을 맡긴 대형 마트의 입장에서 생각해보면 쉽게 유추할 수 있다. 마트가 왜 배춧값이 가장 비싼 김장철에 배추를 원가 이하로 판매하는지 이유를 생각해보는 것이다. 바로 손님을 모으기 위해서이다. 손님을 모으기 위한 전략으로 할인행사를 하는 것이다. 그러므로 갑돌이의 임무는 '손님 모으기'이다.

그런데 갑돌이가 업무는 잘 이해했지만, 임무를 알지 못한다면 어떤 일이 벌어질까?

"어머! 이렇게 좋은 배추를 3,000원에 팔아요?"

큰 식당을 운영하는 사장이 배추를 보고 반색을 하자 갑돌이는 신이 난다.

"네. 사장님! 정말 요즘에는 찾아보기 힘든 가격입니다."

"총 몇 포기에요?"

"네. 1,000포기입니다."

"제가 다 살게요."

"(허리 숙여 인사하며) 감사합니다, 사장님!"

1,000포기를 모두 팔아 으쓱해진 갑돌이가 매니저를 찾아가 배추를 모두 팔았다고 보고했다. 매니저는 갑돌이를 칭찬했을까? 손님을 모으기 위한 미끼상품을 한 방에 없애버린 갑돌이를 보며 웃을 수도 울 수도 없었을 것이다.

우리는 누구나 갑돌이와 같은 상황에 부닥칠 수 있다. 업무와 임무를 명확하게 깨닫지 못한다면 말이다.

"생각 좀 해봐라."

"너 생각이 있는 거니?"

이런 질책을 받으면 무척 마음이 상한다. 나 역시 직장생활을 하며 이런 질책을 숱하게 경험했다. 나는 1990년대 후반 광고회사에 근무한 적이 있는데, 상사로부터 이런 말을 들었다.

"김윤태 씨. 당신 생각이 있는 거야? 당신 어깨 위에 있는 게 머리 맞아?”

그럼 내 머리가 ‘데코레이션’이란 말인가? 정말 기분 나쁘고 황당했다. 그러면서 얼떨결에 이렇게 대답했다.

“네. 머리 맞는데요!”

아, 이 얘기는 하지 말았어야 했는데…. 지금 생각해보면 나의 대답이 더 굴욕스럽다.

상사가 하고 싶어 했던 얘기는 무엇이었을까? 그 말의 이면에는 업무와 임무를 파악하지 못한 담당자에 대한 안타까움이 숨어 있었다. 즉, 임무를 알고 업무를 행하는 사람이 ‘생각이 있는 사람’이다.

한 가지 사례를 더 소개하고자 한다. 모기업 비서진 약 50여 명이 모인 교육현장에서 있었던 일이다. 내가 그들 중 한 명에게 물었다(편의상 김 대리로 지칭하겠다).

“김 대리님의 임무는 무엇인가요?”

“전 경영지원본부 사장님 비서로서 사장님의 스케줄 관리와 보고서 검토, 작성 등을 담당하고 있어요.”

“그 일은 업무 아닌가요?”

“네, 그렇죠.”

“임무가 뭐냐고요?”

"(기어들어가는 목소리로) 임무요…."

그는 더 말을 잇지 못했다. 나는 그에게 비서의 업무와 임무를 구분해 설명했다.

업무의 내용(A)	업무의 본질(B) (이 일을 왜 하는가?)	임무(C)
방문객 관리	업무 방해 요소 제거, 근무 환경 관리	경영자가 본인의 경영 활동에 충실할 수 있도록 공간·시간·정서적으로 돕는 것
정리, 요약 대행	상사의 시간 절약, 핵심 이슈 제공	
스케줄 관리	효율적 시간 관리	
음료, 차 서비스	상사와 고객의 만족과 편안함 제공	

▲ 비서의 업무와 임무 구분

자신의 업무와 임무의 구분이 어렵다면 위의 내용과 같이 자신이 무슨 일을 하는지를 적고, 업무별로 그 일을 하는 이유를 적은 다음, 마지막으로 개별 이유를 모두 아우르는 통합적인 하나의 이유를 적으면 된다. 첫 번째가 업무(A)이고, 두 번째가 업무별 본질(B)이며, 세 번째가 임무(C)가 된다.

업무(A)와 업무별 본질(B)에 관해 설명을 들은 김 대리는 비서의 임무를 '경영자가 본인의 경영활동에 충실할 수 있도록 공간·시간·정서적으로 돕는 것'으로 정리하는 데 성공했다. 나는 그에게 박수를 쳐줬다. 스케줄 관리나 음료와 차 서비스는 비서 업무의 일부분일 뿐이다.

우리는 임무를 이루기 위해 업무라는 과정을 수행한다. 조직에서 당신이 맡은 업무가 있고, 각각의 업무를 왜 해야 하는지 그 궁극적인 이유가 당신의 임무이다. 이것을 올바로 이해하고 업무에 임하면 일을 잘하는 사람, 성과를 내는 사람이 된다. 똑똑하다는 칭찬까지 덤으로 들을 수 있다. 이와 마찬가지로 조직이 아닌, 당신 개인의 비전을 향해서 나갈 때도 미션을 명확히 이해해야 방향을 정확히 잡을 수 있으며 그 비전을 성취할 수 있다.

이순신은 자신의 정체성을 알았고, 그것을 자신이 속한 조직에 확대해서 조직 속에서의 임무와 업무를 정립했고, 이를 구성원들과 공유해 함께 실천해 나갔다. 성공적인 삶을 사는 사람들의 공통점은 임무를 체계화하고 행동한다는 것이다.

하지만 생각이 없는 사람, 즉 임무를 모르고 업무만 알고 일을 하는 사람은 매뉴얼대로 일을 한다. 매뉴얼엔 생각이나 창의가 개입할 여지가 없다. 시키는 대로 일할 수밖에 없다. 그래서 문제가 발생했을 때 스스로 문제를 해결할 능력이 상대적으로 떨어진다. "저 친구 똑똑하군!", "저 친구 일 좀 할 줄 아는데!" 이런 이야기를 듣고 싶다면 자신의 임무가 무엇인지부터 탐구해야 한다.

많은 이들이 이순신 장군을 매뉴얼을 철저히 지킨 원칙주의자로 인식한다. 하지만 그의 원칙은 자신의 명확한 정체성 인식을 바탕으로 한 것으로, 궁극적으로 조직과 구성원 개개인을 살리는 것이었다. 원칙을 고수하면서도 사람을 대할 때 유연하고 부드러웠다. 그 때문에 비록 임금에게 수난을 당했을지언정 그를 따르는 부하장수들과 백성들은 구름떼와 같았다.

원칙을 지킴에 물러섬이 없다

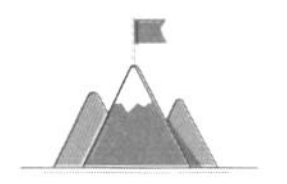

관행과 타협하지 않는 올곧음

어느 공동체나 원칙이 있다. 원칙은 공동체를 움직이는 기준이자, 공동체의 공의(公義)와 구성원 개개인의 자유와 평화를 지키는 수단이 된다. 따라서 원칙이 잘 지켜지는 공동체는 공의가 살아 숨 쉬고 구성원 개개인도 공정하고 평화로운 분위기 속에서 자신의 삶을 영위할 수 있다. 반대로 원칙이 흔들리면 공동체가 휘청거린다. 원칙을 잘 지키면 고지식하다는 인상을 주기 십상이지만, 사실은 대단히 중요한 일인 것이다.

공동체의 원칙이 잘 지켜지려면 구성원 개개인의 노력도 중요하지만, 무엇보다 리더, 즉 공동체에서 힘이 있는 사람이 원칙을 존중해야 한다. 리더가 원칙을 지킬 때 구성원들도 그러한 모습을 존경하면서 원칙을 지키려고 노력하게 된다. 그러나 현실은 어떤가. 책임 있는 자리에 있는 사람들이 숱하게 원칙을 어기는 모습들을 우리 주변에서 어렵지 않게 발견할 수 있다. 나는 사장이니까 혹은 팀장이니까 괜찮다는 생각으로, 때로는 관행이라는 이름으로 원칙을 스스럼없이 어긴다. 원칙은 지켜질 때 가치가 있는 것이지, 사람에 따라서 시시각각 바뀐다면 아무 의미가 없다.

이순신 장군의 삶을 살펴보면 그는 공동체의 원칙과 자신의 삶에 대한 원칙을 모두 잘 지켰다. 공동체의 질서와 공의를 존중해 관행이나 편법과 타협하지 않았고, 혼란스러운 전장에서도 엄격히 군율을 지켰다. 스스로 돌아봤을 때 부끄러운 행위를 하지 않으려고 애썼으며, 늘 정직하고 청렴했다. 부하로서 상사를 대할 때나 상사로서 부하를 대할 때나 변함이 없었다.

이순신의 조카 이분(李芬)이 저술한 〈충무공행록〉을 보면 장군은 관행과 타협하지 않는 올곧은 성품이라는 사실을 곳곳에서 발견할 수 있다. 당시 병조판서였던 김귀영은 이순신의 강직하고 정직한 성품이 맘에 들어 자신의 서녀를 이순신에게 첩으로 주려고 했다. 하지만 중신아비(혼인을 중매하는 남자를 일컫는 말)에게 장군은 이렇게 말한다.

"이제 벼슬길에 오른 내가 어찌 권세의 집과 연을 맺어 이익을 바라겠는가."

자신을 좋게 본 고위공직자의 호의를 한마디로 거절한 것이다. 힘 있는 가문과 인연을 맺음으로써 자신의 관직 생활에 큰 보탬이 될 뿐 아니라 자연스럽게 인맥도 구축할 기회였다. 하지만 장군에게 원칙을 지켜야 한다는 소신이 더 큰 가치였다. 권문세가의 힘을 등에 업고 출세한다는 건 원칙에 어긋나는 일이었다. 제안을 거절함으로써 자칫 미운털이 박힐 수도 있었지만, 장군은 개의치 않았다.

충청도 해미에서 충청도 병마절도사의 군관으로 근무할 적에는 허례허식이 없는 청렴함으로 주위의 모범이 됐으며, 출장 후에는 받아 사용하고 남은 양식마저 모두 반납하는 그의 정직성 때문에 절도사의 신임을 받았다고 한다.

원칙을 지키는 삶을 살았기에 같은 문중이던 율곡 이이가 만나자고 제안해도 받아들이지 않았다. 율곡이 이조판서(吏曹判書)로 재직 중일 때 이순신이 나라에 필요한 재목임을 듣고 서애(西厓) 류성룡에게 만남을 주선해 달라고 요청했다. 류성룡은 이순신과 한 동네에 살았을 뿐 아니라 이순신의 둘째 형인 요신의 친구였으므로 어릴 적부터 친분이 있었다. 그래서 류성룡은 장군에게 율곡을 한번 만나보라고 권했다. 하지만 장군은 한마디로 거절했다.

"율곡은 나와 같은 문중의 어른이라 뵙는 것은 좋은 일이지만, 이조판서의 자리에 계시니 지금 만나는 것은 옳지 못한 일이오."

율곡과 이순신의 만남은 끝내 이뤄지지 않았다. 장군은 자기 힘으로 자신의 앞길을 개척해야 한다고 생각했으며 남의 힘, 남의 도움을 빌릴 생각은 털끝만큼도 갖지 않았다.

〈충무공행록〉에는 공이 부정한 청탁을 거절해 파직된 일이 기록되어 있다. 1579년 2월 충무공이 35세의 나이로 훈련원에서 인사업무를 관장하는 봉사(종8품)에 재직했을 때의 일이다. 병조정랑(정5품) 서익이 편법으로 자신의 친척 한 명을 훈련원 참군(정7품)으로 승진시키려고 인사 압력을 가했다. 그러나 이순신은 상관의 인사 청탁을 법의 규정을 들어 바로 거절했다. "자격이 안 되는 사람을 등급을 뛰어넘어 승진시키면, 승진해야 할 사람이 승진하지 못하니 이는 공정하지 못한 일입니다."

서익은 자신이 상급기관의 상급자인데도 법 규정을 이유로 인사 청탁을 거부한 이순신의 행동에 무척 분개했다. 당시 훈련원에서 같이 근무하던 사람들이 서익에 대항한 일을 보고 반드시 탈이 있을 것이라고 걱정했다고 한다. 결국, 장군은 8개월만에 충청도 절도사의 군관으로 좌천됐다. 서익과의 '인연'은 이것으로 끝나지 않았다.

선조 15년인 1582년 1월 서익이 군기경차관(임금의 특명으로 지방에 파견돼 무기를 점검하는 벼슬)으로 발포(전남 고흥에서 남으로 40리 떨어진 곳)에 왔다. 이때 장군은 승진해서 발포의 수군만호(水軍萬戶, 고려와 조선 때 있었던 군사조직 '만호부'의 종4품 관리. 만호부는 외부의 침략을 방어하는 임무를 수행한다)로 근무하고 있었다. 발포 포구의 무기와 병장기는 흠잡을 데 없이 잘 정비돼 있었다. 하지만 서익은 발포의 무기가 제대로 정비되지 않았다고 조정에 장계를 올렸다. 그 결과 발포만호 이순신은 파직됐다.

이에 대해 사람들은 이순신이 무기를 잘 정비했음에도 불구하고 이런 불이익을 당한 이유가 그 전에 훈련원에서 일할 때 상관의 청탁을 거부한 것에 대한 앙갚음이라고 말했다. 이러한 앙갚음을 당하면서 장군의 태도가 바뀌었을까? 모두가 다 알다시피 그렇지 않다. 어떠한 불이익도 장군의 원칙을 꺾지 못했다. 장군은 불의와 타협을 허락하지 않았고 원칙 앞에 물러섬이 없으며 소신을 굽히지 않는 강직한 공직자이며 리더였다. 이러한 장군의 태도는 혼란스럽고 암울한 전쟁터에서 백성과 군대의 기강을 잡는 데 빛을 발했다.

원칙은 지름길과 같다

'내가 옳다고 믿는 것'을 가치라고 한다. 이 가치가 흔들리지 않는 기준과 일관성 있는 행동으로 이어질 때 그것을 그 사람만의 올바른 원칙이라고 할 수 있다. 조직에도 원칙이 필요하다. 원칙이 있어야 조직 내의 의사결정과 행동에 일관성을 유지할 수 있기 때문이다. 만약 원칙이 없다면 조직의 역량을 결집하기 어려울 뿐 아니라 비생산적인 논쟁의 가로막힘으로 생산성에도 영향을 미칠 것이다.

리더에게는 원칙이 필요하다. 조직원들을 평가하는 데도 공정한 원칙이 있어야 하며, 효율적인 업무분담을 위해서나 부서 운영에 관한 원칙 등과 같이 원활한 팀 커뮤니케이션을 위해서라도 원칙은 꼭 필요하다. 원칙을 지키는 것이 멀리 돌아가는 것처럼 보일 때가 많다. 하지만 원칙은 지름길과 같다. 잘못된 길로 가다 막혀 멈추거나 되돌아오는 경우가 발생하지 않기 때문에 사실 따지고 보면 원칙의 길이 지름길인 것이다. 원칙을 세우긴 했지만, 상황에 따라 흔들리고 타협하는 리더들도 많이 보게 된다. 하지만 원칙을 지키지 않는 리더는 조직원들에게 신뢰를 받을 수 없다. 리더는 자신이 말하는 바를 일상적 행동으로 실천해야만 하며, 구성원들에게 언행일치의 모범을 보여줘야 한다. 후배들은 리더가 무엇을 말하는지보다 무엇을 하는지에 초점을 맞춰 바라보기 때문이다.

세계 역사상 가장 넓은 영토를 지배했던 칭기즈칸은 '흥분한 상태에서는 결코 중요한 결정을 내리지 않는다.'라는 원칙을 갖고 있었다고 한다. 그래서인지 칭기즈칸의 판단은 늘 냉철했다. 이처럼 이순신의 원칙 지키기는 혼란스럽고 기강이 해이해지기 쉬운 전쟁 상황에서도 군대조직을 긴장감 있게 유지할 수 있었고 병사들을 올바른 기준 아래에 정렬시킬 수 있었다.

> 원칙이 없는 사람은 아무리 뛰어나도 소용이 없다. 진정한 탁월함에 도달하려면 목표에 집중하는 것도 중요하지만 스스로 원칙을 세울 수 있어야 한다. 원칙은 탁월한 성과의 견인차 역할을 한다. 원칙을 지킨다는 것은 강한 의지력과 자기희생 정신이 있다는 것을 뜻한다. 원칙을 지키는 사람은 장기적인 안목이 있다.

모순되는 말처럼 느끼겠지만 원칙을 지키면 오히려 자유로울 수 있다. 또한 원칙은 인간의 삶의 여러 의식을 형성하며 새로운 원칙을 만들 수 있게 해준다.

– [〈엑설런스〉, 제이 핀콧, 에버리치홀딩스, 2008] 중에서

원칙이 만든 100년의 성공신화

앰앤엠즈(M&M's), 스니커즈(SNICKERS)로 국내시장에 잘 알려진 기업 마즈(Mars)는 1911년 사업을 시작한 이래 100년간 지속해서 성장하고 있고, 연간 40조 원 규모의 매출을 올리고 있는 다국적 기업이다. 이 회사는 자율적이고 수평적인 소통문화로도 호평을 받고 있어, 2013년과 2014년 2년 연속으로 '미국에서 가장 일하기 좋은 100대 기업'에 선정됐다. 한국에서도 GWP 코리아(Great Workplace Korea)가 주관하는 '2016 대한민국 일하기 좋은 100대 기업'에서 7년간 연속으로 선정되기도 했다. 무엇이 이 회사를 명문기업으로 만든 것일까?

기업은 본질적으로 다른 누구보다 자신의 이익을 추구한다. 그러나 마즈는 식품을 생산하고 판매하면서 소비자, 판매대행사, 경쟁사, 협력사, 정부기관, 직원, 주주의 상호이익을 높이는 데 목적을 두고 있다. 이를 위해 다섯 가지의 원칙(The Five Principles)을 세우고, 전 직원

들에게 천명했다. 이것이 마즈를 100년 넘게 꾸준히 성장하게 한 원동력이라고 한다.

첫째는 우수성(Quality)이다. 소비자는 우리의 보스이므로 최고의 품질을 제공하기 위해 최선의 노력을 다한다. 우수한 품질은 소비자에게 회사의 명성을 얻을 수 있는 원천이다.

둘째는 책임(Responsibility)이다. 개인에게 주어진 책임을 다하며, 개인의 책임뿐 아니라 동료가 맡은 바 책임을 다할 수 있도록 지원하고 협력한다. 공동의 책임 분야에서도 높은 책임의식으로 솔선수범하며 능동적이고 책임 있는 행동을 한다.

셋째는 상호성(Mutuality)이다. 가치와 이익이 창출되면 서로 나누고 공유한다. 이익의 공유만이 영속성을 갖고 서로 상생할 수 있다. 서로에게 경쟁력 있는 조건을 제시하고 함께 일하는 다른 사람들의 희생을 강요하지 않는다.

넷째는 효율성(Efficiency)이다. 자원 활용의 효율성을 극대화하고, 자원을 낭비하지 않으며 가장 잘할 수 있는 일에 집중하도록 한다. 원칙을 유지하면서 가격 대비 탁월한 가치를 제공할 수 있도록 가능한 최저의 원가와 최소한의 자원을 사용해 최고의 품질을 만드는 효율성에 있다.

다섯째는 자유(Freedom)이다. 미래를 설계하려면 자유가 있어야 하고, 수익이 있어야 자유를 누릴 수 있다. 회사를 성장시키기 위해 어쩔 수 없이 자유를 희생하는 경우를 막기 위해서도 재정적인 자유가 있어야 한다(『〈마즈 웨이(MARS WAY)〉, 김광호, 김종복 공저, 이와우』에 소개된 마즈의 원칙을 참고해 정리했다).

마즈의 이러한 원칙이 효과적이었던 이유는 원칙을 공표하는 것에 그치지 않고 이를 철저히 실천했기 때문이다. 또한 이런 원칙을 지킨 사례들을 모아 매년 '실천하는 원칙'이라는 사내 책자를 발행하고 있다. 마즈의 이러한 노력 덕분에 흔들림 없이 원칙 중심의 기업운영을 가능케 했으며, 100년 동안이나 꾸준히 성장하게 만든 원동력이 됐다.

원칙의 준수는 개인과 기업에 국한되지 않는다. 싱가포르 총리였던 리콴유가 쓴 저서 〈작지만 강한 싱가포르 건설을 위해〉에는 원칙을 지키는 나라가 국제사회에서 어떤 위상을 가질 수 있는지가 잘 나타나 있다. 싱가포르는 국가 안전에 영향을 미칠 외교적 사안에 대해서는 어떤 국가적 희생을 치르더라도 물러서지 않고 현실을 직시해 대응한다는 명확한 원칙을 갖고 있다. 강대국이 무력을 앞세워 위협하더라도 싱가포르는 끝까지 이에 저항한다는 것이다. 이런 원칙 때문에 작은 나라 싱가포르지만 국제무대에서 강대국 못지않은 큰 목소리를 내기도 한다. 원칙에 어긋나는 일은 어떤 압력에도 타협하지 않는다는 것이 싱가포르의 일관된 외교 정책이다. 국익을 중심으로 결정하지만, 어떤 경우에도 사력을 다해 원칙을 지켜내는 것이 바로 작은 거인 싱가포르의 힘이라고 할 수 있다.

우리 사회와 조직에서 말과 행동이 따로 움직이는 리더들을 어렵지 않게 찾을 수 있다. 다른 사람에게는 원칙을 지키라고 종용하면서, 스스로는 원칙에 벗어난 행동을 일삼아 비난의 대상이 되는 것이다. 리더 스스로가 더욱 높은 기준으로 원칙을 지킬 때 공동체에 원칙을 중요시하는 문화가 자리 잡게 될 것이다.

조직을 이끄는 리더에게 원칙은 일관성을 유지해주고 예측 가능한 의사결정을 도와주는 장치이다. 복잡한 상황에서도 단순한 해결책을 찾아서 의외의 결과물을 만들어내기도 한다. 원칙에 따른 의사결정은 합리적이며, 사후 문제 해결 과정에서도 논란거리를 만들지 않고 해결책을 찾을 수 있다. 원칙이 잘 지켜지지 않는 것은 이기심 때문이다. 자신만의 이익에 기준을 두는 자기합리화가 원칙을 흐트러뜨리게 한다.

원칙은 외골수가 아닌 현명한 사람이 갖는 무기이다. 원칙이 더 강하고 오래간다.

상관의 지시에 단호히 "No!"라고 말하다

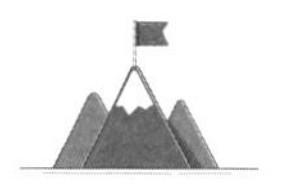

> "나라의 물건을 사사로이
> 쓸 수 없습니다."

이순신의 나이 36세 때 발포(전남 고흥에서 남으로 40리 떨어진 곳)의 수군 만호로 근무할 때의 일이다. 공의 직속상관인 전라좌수사 성박이 이순신에게 사람을 보냈다.

"무슨 일인가?"

"좌수사께서 관사 앞뜰에 있는 오동나무를 베어 오라고 명하셨습니다."

"오동나무를 왜 베어 오라고 하시는 것인가?"

"거문고를 만든다고 하셨습니다."

상관의 명령이니 이순신이 당연히 따를 것이라 여긴 그는 함께 온 사람들과 앞뜰의 오동나무를 베려고 했다. 그러자 이순신의 불호령이 떨어졌다.

"관청의 나무는 나라의 것이거늘 어찌 사사로이 쓸 수 있겠느냐! 게다가 오랜 세월을 품은 거목을 그리 쉽게 베어버릴 수 있다는 말이냐?"

전라좌수사의 명령을 받고 온 하인들임에도 불구하고 이순신은 그들을 빈손으로 돌려보냈다. 전라좌수사도 장군의 공정한 처사에 더 요구하지 못했다고 한다.

윗사람의 부당한 지시에 굴복하지 않은 일은 이뿐만 아니다. 우리가 잘 알고 있는 사건으로, 1597년 정유재란 직전에 일본군을 공격하라는 선조의 명령을 거부한 일이다. 이 사건으로 이순신은 삼도수군통제사의 직책을 잃었을 뿐 아니라 한양으로 압송됐고 목숨이 위태로운 지경에 놓이고 만다(이때 장군은 파직돼 두 번째 백의종군의 길에 오른다. 장군은 일생에 두 번의 백의종군을 했는데, 3장의 '두 번의 백의종군, 공동체를 위해 자신을 내려놓다'에 자세히 기술했으므로 참고하기 바란다).

무려 국왕의 명령인데, 어떻게 단호하게 거부할 수 있었을까. 이순신은 왕의 명령이 잘못됐다고 확신했고, 잘못된 명령이라면 설사 왕이라 하더라도 따를 수 없다는 분명한 원칙을 갖고 있었기 때문이다.

당시 상황은 이랬다. 1592년(임진년)에 시작된 전쟁은 잠시 휴전기를 거쳤다. 초반에 압도적 승리를 거두던 일본은 전세가 불리하게 돌아가자 화의를 제안했다. 하지만 일본은 조선 팔도 중 4개의 도를 일본이 갖고, 명나라 황제의 딸을 일본 왕의 비로 보내고, 조선 왕자와 대신들을 인질로 보내라는 둥 말도 안 되는 조건을 제시했고 결국 협상이 결렬됐다. 1597년 전쟁이 다시 시작됐는데, 이를 정유재란이라고 한다.

정유재란이 일어나기에 앞서 화의를 논의하는 기간에, 조선 조정은 일본군 장수 가토 기요마사(가등청정)가 이끄는 부대가 부산으로 이동할 것이라는 첩자의 보고를 받았다. 이것은 조선을 궁지에 빠뜨리려는 일본 간첩의 농간이었다. 이것을 알지 못한 선조는 삼도수군통제사 이순신에게 부산으로 가 적의 본진을 파하라는 명을 내렸다. 하지만 조선 수군의 전력으로 적의 본진을 깨뜨리는 게 달걀로 바위를 치는 격인 데다 평소 일본군의 동태를 끊임없이 감시하고 있었던 장군으로서는 정확한 첩보라고 확신할 수 없었다. 이에 장군은 왕의 명령을 거부한다. 밀고 밀리는 전쟁의 와중에 조선 수군의 운명을 잘못된 명령에 걸 수 없었다. 조선 수군의 가장 중요한 임무는 남해안의 길목을 지킴으로써 적이 서해로 이동할 수 없게 하는 것이었고, 이는 일본보다 상대적으로 적은 병력과 배를 가진 상황에서 최선의 전략이었다. 그래서 이순신은 임금의 명을 따르지 않았다. 한양으로 압송돼 죽음의 위기에 처해도 그는 자신의 결정을 후회하지 않았다.

상사의 명령이 부당한 줄 알면서도 복종하는 이유

상관의 지시라면 옳고 그름을 따지지 않고, 자신의 주관이나 철학도 없이 따르는 모습을 우리는 조직에서 심심치 않게 보게 된다. 처음에는 부당한 명령에 굴복한 것이 싫지만, 이것이 반복되면 죄책감과 문제의식마저 희미해지고 만다. 물론 책임도 질 생각이 없다. 조직의 이익과 대의를 위한다면 상사의 판단이 옳은지 판단해야 함에도 그럴 생각이 없는 그들은 조직을 사랑하지도 않고 조직에 충성할 사람도 아니다.

어찌 보면 자신보다 높은 위치에 있는 사람의 힘과 권위에 굴복하는 것은 당연하다. 하지만 어쩔 수 없다고 치부하기엔 문제가 너무나 크다. 부당한 지시에 무조건 복종하는 것이 얼마나 큰 문제인지 알려주는 사례 한 가지를 소개하겠다.

회사 A는 회사 B와 업무 협약을 준비하고 있다. 이 일의 총책임을 맡은 A 회사의 상무는 B 회사의 대표와 무척 가까운 사이이다. 상무는 자기 일을 보좌하는 김 부장에게 업무 협약의 세부 조항을 협의하는 일을 맡기면서 B 회사에 유리한 조항을 넣도록 지시했다. 그 조항은 A 회사에 매우 불리한 내용으로, 그로 인해 양사의 윈윈 전략이 무색해질 정도였다. 김 부장은 무척 고민했다.

'이건 우리 회사로서 독소조항이나 마찬가지인데…. 상무님께 안 된다고 말씀드려볼까?'

하지만 그는 끝내 말하지 못했다. A 회사의 실세인 상무의 기분을 거슬러 자신에게 좋을 일이 없다고 생각했기 때문이다. 조항의 문제점을 지적하는 직원들도 없었기에 그는 눈을 감기로 마음먹었다.

업무 협약을 체결하는 당일, A 회사의 대표가 급하게 상무와 김 부장을 호출했다. 대표는 두 사람 앞에서 협약서를 흔들며 노발대발 화를 냈다.

"어떻게 이런 내용을 협약서에 넣을 수가 있지? 사전에 조율하지 않고 뭘 한 건가!"

상무는 얼굴이 온통 땀범벅이 됐지만, 꿀 먹은 벙어리인 양 아무 말도 하지 못했다. 상무가 답변하지 못하자 대표의 칼끝은 김 부장에게 향했다.

"자네는 실무 책임자이면서 이걸 하나 발견하지 못했나!"

"그게 아니라…. 저는 상무님이 시키시는 대로 했을 뿐인데요…."

"뭐라고? 경력이 20년인 자네가 상사가 시키는 대로 했다는 게 말이 되는가!"

협약 직전에 천만다행으로 A 회사 대표가 독소조항을 발견했기에 망정이지, 그렇지 못했다면 어떻게 됐을까? A 회사는 막대한 손실을 보고 경영상의 심각한 타격을 받았을 것이고, 회사 직원들은 구조조정의 칼날 앞에 놓이게 됐을지도 모른다.

잘못된 지시로 이뤄진 일은 상식적으로 좋은 결과를 기대하기 어렵다. 그러나 조건 없는 무조건적 복종을 한 사람들은 그 결과에 책임을 지려고 하지 않는다.

"난 지시에 따랐을 뿐이야. 상무님 잘못이지, 난 잘못이 없어."

일을 바람직한 방향으로 끌고 나가야 할 자신의 책임을 헌신짝처럼 내버린 결과를 전혀 인식하지 못하는 것이다. 잘못된 지시에 따르는 것은, 그 일의 결과가 잘못돼도 나 몰라라 하겠다는 마음과 다르지 않다. 즉, 자신의 행동에 대한 책임감이 없기에 무조건적 복종이 나올 수 있는 것이다.

책임감은 직급의 높낮이와 관계없이 누구나 가져야 하는 필수 요소이다. 이순신 장군은 그 누구보다 자기 일에 대한 책임감이 분명했다. 상사에 대한 단호한 "No"는 단순한 반항이나 객기가 아닌, 철저한 책임감의 발로였다. 본인에게 설사 손해가 되더라도 올바름의 기준을 바꾸지 않았다. 부하들은 이순신의 그런 모습을 보며 존경하지 않을 수 없었다.

다양한 "No"를 인정하는 조직

상사에게 "No"라고 말하는 것이 조직에 어떤 영향을 미칠까? 상사는 좀 더 신중하게 업무를 지시하게 될 것이다. 성과 측면에서뿐만 아니라 도덕적으로도 문제가 없는지 따져보게 될 것이다.

리더는 부하 직원에게 말하는 바대로 실천해야만 하며, 또한 성실한 선배로서의 모범을 보여줘야만 한다. 자신을 지켜보는 후배들에게 올바른 기준을 제시해야 한다. 후배들은 눈치 볼 필요 없이 리더가 행한 일을 사실 자체로만 평가하면 된다. 선배와 후배 혹은 상사와 부하의 관계가 아닌, 조직의 선의와 이익에 기준을 두고 의사결정에 참여하면 된다. "No"라고 말한다는 것은 결과에 대한 책임에 참여하겠다는 의지이다. 스스로 책임감을 높게 가지고 일하는 조직문화가 "No"에서 나타날 수 있다. 이런 조직이 건강하다.

상사에게 "No"라고 말하기는 정말 쉽지 않다. 하지만 그런 용기 있는 소리를 내줄 수 있는 부하가 리더에게는 꼭 필요하다. 그들이 조직을 위하는 진짜 충성스러운 사람들이기 때문이다.

반면에 부하로서는 "No"라고 말하면 직장생활에서 큰 어려움을 만날까 봐 두려울 수 있다. 직장생활에서 일만큼 중요한 것이 상사와의 관계인데, 상사가 불합리한 지시나 요구를 한다고 이순신 장군처럼 목숨 걸고 "안 됩니다!"라고 하기도 참 어렵다. 그래서 전략적으로 견해차를 좁힐 방법이 필요하다.

영국 파이낸셜타임스의 기사에 '직장 상사에게 항의할 때의 요령'이라는 재미있는 기사를 본 적이 있다. 비즈니스 심리학자인 앨런 레드맨(Alan Redman)은 "상사의 의견에 단도직입적으로 반대하기보다는 일단 상사의 의견 중에서 공감하는 부분을 먼저 찾아내어 운을 떼야 한다."고 조언한다. 가령 "그렇군요."나 "옳습니다."라는 식으로 말문을 열어 상대방 입장을 충분히 이해하고 있다는 것을 전달한 다음에 본론으로 들어가야 효과적이라는 것이다. 커뮤니케이션은 순서만 바꿔도 받아들이는 사람의 마음이 180도 달라질 수 있다. 이것이 기술이고 전략이다.

조직에서 승진할수록 커지는 것이 두 가지 있다고 한다. 사무실의 크기와 고독이다. 이런 우스갯소리가 나온 배경은 높이 오를수록 그만큼 외롭다는 애기일 것이다. 상사는 아주 외로운 존재이기 때문에 상사의 의견에 노골적으로 대항하고 짓밟는 부하에게 깊은 상처를 받게 된다. 심리학자 앨런 레드맨의 조언처럼 전략적으로 또 기술적으로 "No"를 할 줄 알아야 한다.

새가 좌우의 날개로 날듯이 균형 잡기

나는 한때 '지혜로운 사람, 슬기로운 사람들은 어떤 사람일까?', '어떤 모습일까?', '무엇을 슬기라고 할까?'하는 궁금증을 가진 적이 있었다. 동양과 서양의 관련 서적들을 읽어가며 숙제를 풀어가듯 몰입했지만, 얻은 것은 많지 않았다. 생각의 범주가 다람쥐 쳇바퀴 돌 듯 빙빙 돌 뿐, 정답을 찾으려고 했던 것이 문제일 수도 있다는 생각도 했다.

세상 이치에 정답이 있겠는가! 정답(定答)은 하나지만 정답(正答)은 많다는 얘기처럼 세상 이치를 그렇게 단순하게 규정지을 수 없음을 깨닫게 됐다. 그런 가운데 한 가지 확실하게 깨달은 것은 대부분의 문제들이 균형을 잃으면서부터 발생한다는 것이다.

우주의 모든 사물과 현상에는 양면성이 있다. 높음이 있으면 낮음이 있고, 뜨거움이 있으면 차가움이 있고, 딱딱함이 있으면 부드러움이 있고, 밝음이 있으면 어둠이 있고, 뭉뚝함이 있으면 날카로움이 있다. 우리의 의식도 기쁨과 슬픔이 공존하고, 사랑과 미움이, 부지런함과 게으름 등 양면으로 구분된다. 그 안에서 한쪽으로 치우치지 않고 균형을 유지하는 것이 매우 중요하다. 어떻게 보면 이 균형을 유지하는 것이 진정한 성과이기도 하고 행복이기도 하다.

어느 한쪽으로 치우치고 그것을 고집하는 독단과 독선은 결국 실패한다. 그래서 한쪽으로 기울어지지 않기 위해 균형이라는 것이 필요하다. 아마도 세상은 알게 모르게 그 균형을 유지하기 위해 노력하고 있는지도 모르겠다.

우리의 조상들은 오래 전부터 균형을 유지하기 위한 노력을 해왔다. 여담으로, 조선의 관직 이름을 소개하려고 한다. 조선에는 영의정, 좌의정, 우의정이라는 삼정승이 있었다. 영의정이 가장 높고 두 번째가 좌의정, 세 번째가 우의정이다. 그런데 왜 이름을 그렇게 지었을까? 명색이 한 나라의 정승인데 좌(左)의정, 우(右)의정이라고 이름을 지은 것이 너무 성의 없어 보였다. 그러던 중 어느 책에서, 왼쪽 좌(左)에 사람 인(人) 변을 붙이면 도울 좌(佐)가 되고, 오른쪽 우(右)도 마찬가지로 도울 우(佑)가 됨을 확인하면서 좌측에서 돕는 사람과 우측에서 돕는 사람으로 해석해도 되겠다고 정리할 수 있었다.

중요한 것은 좌의정과 우의정은 하는 말도 달랐고 출신도 대부분 달랐다. 사극을 보면 우의정은 늘 임금에게 "전하 지당하십니다."라고 말한다, 이조판서에서 승차하거나 기득권 세력에서 우의정이 주로 배출됐다. 하지만 좌의정은 달랐다. 임금에게 "전하 아니 되옵니다."라고 늘 말한다. 사간원에서 승차하거나 기득권이 아닌 소수파에서 주로 좌의정이 배출됐다. 나름 실력과 용기가 겸비된 자들이다. 좌의정이 "No"라고 말하는 것은 결국 공동체를 올바로 이끌기 위한 균형으로 볼 수 있다. 조직이 한층 더 성장, 발전하기 위해서는 "No"라고 말할 수 있는 용기와 문화가 필요하다. 관직명 하나에서도 드러나듯이, 매사에 균형을 잡는 것은 원칙을 지키는 것만큼이나 중요한 일이다.

이순신 장군도 마찬가지였다. 임금에게조차 단호히 "No"를 외친 강직하고 원칙주의적인 성품인 만큼, 전투에서 도망한 자를 잡아 용서 없이 목을 베는 엄한 지휘관이었다. 군령 앞에서는 무서울 정도로 엄격한 분이었다. 하지만 병영에서는 병사들과 함께 밥과 술을 먹고, 그들의 가족사를 묻기도 하는 따뜻한 지휘관이었다. 공과 사의 구분과 신상필벌(信賞必罰, 상을 줄 만한 사람에겐 상을 주고, 벌을 줄 만한 사람에겐 벌을 준다는 의미)의 균형을 참 조화롭게 잘 유지했기에 병사들이 따르고 싶은 장군이 되었다.

운이 없어도 포기하지 않는다

언젠가 다가올 기회를 위해 치밀하게 준비하다

1576년 30세가 넘어서 무과에 급제해서 그해 12월에 첫 부임지인 함경도 삼수(삼수갑산이란 말이 나온 지역으로, 삼수와 갑산은 척박한 오지이다. 귀양지로도 최악으로 평가될 정도로 근무여건이 안 좋은 곳) 고을의 동구비보 권관(權管, 조선 시대에 변방의 진에 있었던 종9품 벼슬)으로 부임했다. 훈련원 봉사(奉事, 조선 시대 종8품 벼슬), 만호(萬戶, 군사조직 '만호부'의 종4품 벼슬) 등의 관직을 거치면서 좌천과 파직을 반복했다. 관직생활을 하다가 부친상을 당해 관직에서 물러나기도 했다. 이순신의 삶은 전반적으로 평탄하지 않았다. 예상치 못했던 위기가 자주 나타났다.

나라에 대한 충성심이 강하고 올곧은 성격임에도 수난을 겪는 것에 대해 장군을 아끼는 사람들은 무척 답답해 했을 것이다. 그래서 권세가에 손을 써야 한다고 조언했다. 당시 관직을 위해 뇌물을 쓰는 것이 특별한 일은 아니었다. 하지만 장군은 조금의 흔들림도 없었다. 그는 이런 말로 주변의 유혹을 물리쳤다.

> 장부생세(丈夫生世) 용즉효사(用則效死)
>
> 불용즉경어야(不用則耕於野) 족의(足矣)
>
> (대장부로 세상에 태어나 나라에 쓰임 받으면 죽음으로써 충성을 다할 것이요. 쓰임 받지 못하면 논밭을 갈며 사는 것도 족하다.)
>
> – 출처 : 한국민족문화대백과, 한국정신문화연구원, 1991년
>
> – 출전 : 백사집 4권-고통제사이공유사, 이항복, 1629년

장군은 자신에게 닥쳐오는 불운에도 아랑곳하지 않고 원칙을 지켰고, 무관으로서 실력을 갈고닦고 맡은 바 소임을 다하는 데 최선을 다했다. 이순신은 부임하는 곳마다 능력을 인정받았다. 그 때문에 불운하게 좌천당할 때도 있었지만, 실력과 품성을 인정받아 몇 단계씩 진급하는 때도 있었다. 특히, 전라 좌수영의 발포 수군만호로 발령받을 때는 무려 6단계나 뛰어오른 특진이었다. 그러한 탓에 주변의 시선이 고울 리 없었다. 시기와 질투, 거짓 투서 등이 장군의 발목을 잡았다.

어떻게 보면 이순신에게 운이 없었다는 말은 사실 성립되기 어려운 얘기다. 모두가 본인의 선택이기 때문이다. 이순신의 인생에는 반

칙이 없다. 그래서 많은 시기와 모함을 당했고, 여러 차례의 좌천과 파직을 겪을 수밖에 없었다. 하지만 장군은 자기의 일에 소홀하지 않았다. 늘 무기를 정비하고 군사들을 훈련하고 군량미를 점검하는 등 꼼꼼하고 치밀하게 일했다.

불운을 겪어도 오뚝이처럼 다시 일어서는 장군의 정신이 빛을 발한 건 모두가 알다시피 명량해전이다. 칠천량해전에서 조선 수군이 대패한 후 달랑 12척의 배가 남았을 뿐인데도 불구하고 장군은 불운을 탓하지 않았다(장군이 선조에게 "신에게는 아직 12척의 배가 있습니다"라는 장계를 올릴 당시에 12척이 있었고, 나중에 수리해서 1척이 추가됐다. 그래서 명량해전에서 조선 수군의 배는 총 13척이다). 어떻게 이토록 불굴의 의지를 발휘할 수 있었을까? 불운의 순간마다 그가 일어설 수 있었던 것은 명확한 목표가 있었기 때문이다. 그는 자신이 속한 나라인 조선과 백성을 사랑했다. 그에게 나라를 지키는 것은 절대적 목표였으며, 그것을 위해 바다를 지켜야 하는 것이 본인의 명확한 목표임을 알았다. 그리하여 장군은 임진왜란 내내 왜군이 남해안을 지나 서해로 가는 것을 철저하게 차단하는 전략으로 목표를 완벽하게 이뤄낸다.

이순신이 수군을 포기할 수 없었던 이유는?

영화 '명량'은 명량해전, 일명 울돌목 전투를 그린 영화다. 이순신 장군을 소재로 한 많은 작품이 대중의 사랑을 받았지만, 이 영화의 경우 상영 시간의 상당 부분을 전투장면에 할애해 화제가 됐다 이순신 장군 덕후인 나로서는 장군에 대한 대중의 관심을 다시 한 번 불러일으켰다는 점에서 의미가 있는 영화다.

명량해전은 이순신 장군이 백의종군의 불운을 딛고 이뤄낸 빛나는 승리다. 앞서 설명한 것처럼 불행은 잘못된 첩보에서부터 시작됐다. 일본과 잠시 휴전 중이던 때에 권율 장군은 일본이 부산으로 진격해 전쟁을 시작한다는 잘못된 첩보를 입수해 선조에게 보고했다. 선조는 이순신 장군에게 부산 앞바다로 나갈 것을 명령하지만, 장군은 이를 거부하였다. 장군은 왕명을 거역한 죄로 한양으로 압송되어 온갖 고초를 겪고 파직되었고, 모두 알다시피 백의종군으로 권율 장군 휘하에서 전투에 참여하게 된 것이다.

장군의 뒤를 이어 삼도수군통제사로 부임한 원균 장군은 조정과 권율 장군의 강압에 못 이겨 전투에 나섰다가 칠천량에서 대패하고 자신도 전사하고 만다. 이 패배로 훈련받은 다수의 군사와 장수들, 100척이 넘는 배를 잃었을 뿐 아니라 조선의 제해권을 일본으로 넘겨주는 뼈아픈 결과가 남았다.

선조는 이순신 장군을 다시 찾았고 삼도수군통제사의 직을 되돌려주었다. 보통 사람들 같았으면 자신을 죽이려고 했던 왕이 궁지에 몰리자 자신을 다시 찾는 비굴함이 꼴 보기 싫어서라도 이런저런 핑계를 대며 명을 받지 않았을 것이다. 더욱이 조선 수군이 폭삭 망한 상태가 아닌가.

하지만 장군은 몸이 지칠 대로 지치고 피폐해진 상황 속에서도 왕의 부름을 받든다. 그는 남쪽을 향해 내려가며 흩어진 병사들과 병장기들을 수습해 전열을 가다듬는다. 하지만 남은 배가 12척이라는 소식을 들은 선조는 이순신 장군에게 '명공육전(命公陸戰)'이라는 조서를 내린다. 그 의미인즉, 조선의 수군을 폐하고 남은 병사를 움직여 권율 장군 휘하에서 육전에 참가하라는 것이다. 장군에게는 그야말로 청천벽력과 같은 명령이었다.

선조의 명령이 왜 그토록 놀라운 것이었을까? 해군 장수에게 바다를 포기하라는 명령이라서? 단지 그런 차원이 아니다. 임진왜란에서 조선 수군의 역할은 앞서 설명한 것처럼 일본의 북상을 막고 호남의 곡창지대를 지켜 군량 공급을 차단하는 것이었다. 장기간의 전쟁에서 군량미를 확보하는 건 성패를 좌우하는 중요한 요소이다. 이순신 장군이 바다에 버티고 있었기 때문에 일본은 군의 이동은 물론이고 식량 보급에서도 큰 차질을 겪을 수밖에 없었다.

선조의 명령은 바로 이걸 포기하라는 것이었다. 조선의 수군이 없어진다면 일본은 곧바로 남해를 돌아 서해로 진격해 올라가서 조선의 허리를 끊어놓을 수 있었다. 그렇다면 전쟁의 향방은 다시 일본 쪽으로 기울어지고 말 것이었다.

이제 막 백의종군에서 벗어나 삼도수군통제사로 복귀한 직후에 내려온 왕의 명령이 이토록 전장의 상황을 못 읽는 것이라니…. 장군은 답답했다.

"조선이 수군을 폐하면 누가 좋아하겠는가!"

탄식과 함께 비통한 마음으로 한산섬을 바라보며 쓴 글이 바로 이 '한산도가(閑山島歌)'이다. '한산도가'를 통해 장군의 마음을 만분의 일이라도 짐작할 뿐이다(한산도가가 지어진 시기는 지금까지 정확하게 밝혀지지 못했으며, 학자마다 의견이 엇갈리고 있다. 나는 장군이 삼도수군통제사로 재임명된 후인 1597년 전남 보성의 열선루에서 한산도가를 지었다고 보고 있다).

한산섬 달 밝은 밤(閑山島月明夜)
수루에 올라(上戍樓)
큰 칼 옆에 차고 깊은 시름 하던 차에(撫大刀深愁時)
어디선가 일성호가는 남의 애를 끊나니(何處一聲羌笛更添愁)
(마지막 문장의 '일성호가'는 저 멀리서 들려오는 태평소 소리로 장군의 마음을 더 슬프고 괴롭게 했다는 표현으로 해석된다.)

그리고 마음을 추스른 장군은 선조에게 비장한 마음으로 장계를 올린다. 여기에 "전하! 신에게는 아직 12척의 배가 있사옵니다."는 말이 등장한다. 장계를 좀 더 자세히 살펴보자.

自壬辰至于 五六年間, 賊不敢直突於兩湖者, 以舟師之扼其路也
今臣戰船 尙有十二, 出死力拒戰則猶可爲也
今若全廢舟師, 是賊所以爲幸而由, 湖右達於漢水, 此臣之所恐也
戰船雖寡, 微臣不死則不敢侮我矣

"임진년부터 5~6년간 적이 전라, 충청도로 진격하지 못한 것은
우리 수군이 바닷길을 막고 있었기 때문입니다.
신에게는 아직 12척의 배가 있사옵니다.
죽을힘을 다해 막아 싸운다면 아직 할 수 있는 일입니다.
지금 만약 우리 수군을 폐한다면 이는 적이 다행으로 여길 것이며,
서해를 거쳐 바로 한양에 이를 것입니다.
이것이 신이 두려워하는 바입니다.
전선의 수가 비록 적지만, 미천한 신이 아직 죽지 않았기에
적이 우리를 업신여기지는 못할 것입니다."

참으로 충정과 진심이 묻어나는 눈물겨운 장계다. 수백 척의 배를 거느린 수만의 적을 상대하려면 두려울 만도 한데, 장군은 피하려 하지 않고 끝까지 선조를 설득해 남은 수군과 배를 수습해 명량해전을 준비했다. 장군은 목숨을 건 마지막 전투라고 생각했을지도 모른다. 그만큼 조선 수군의 전력이 미비했기 때문이다. 그리고 사흘 후 모두의 예상과 달리, 아니 장군 자신도 예상할 수 없었던 대승을 거둔다.

명량은 해남과 진도(현재 진도대교가 이어지는 곳) 사이의 좁은 수로를 일컫는데, 물살의 세기가 강하고 파도가 우는 소리를 낼 정도라 하여 '울돌목'이라는 별칭도 갖고 있다. 장군은 적을 이쪽으로 유인했다. 사실 일본군도 이곳의 빠른 물살을 알고 있었다. 하지만 얼마 안 되는 이순신의 수군을 얕잡아 보고 수군을 물리친 후 서해로 치고 올라가

겠다는 생각을 하고 있었다. 〈이충무공전서〉에 보면, 이른 아침에 적이 출몰했는데 그 수가 얼마나 많았으면 '적선 부지기수'라고 기록돼 있다.

일본 수군의 대형 함선인 안택선은 뒤에 남고, 작은 군선인 세키부네 133척이 먼저 울돌목에 다다랐다. 이를 13척의 조선 수군이 둘러싸 화포 공격 등을 통해 적의 선두를 초토화시켰다. 조선 수군을 우습게 보고 전투에 임했던 일본 수군은 30여 척의 배를 잃고 혼비백산해서 퇴각할 수밖에 없었다. 133척의 적군을 13척으로 물리친, 세계 해전사에 길이 남을 빛나는 승리였다.

이순신은 무엇이 중요한지 알고 있었고, 목표 중심의 의사결정을 했다. 목표가 흔들리면 모든 것이 무너지기 때문에 왕명에도 불구하고 장군은 수군을 포기할 수 없었던 것이다.

광풍도 극복하게 하는 힘, 목표

소설가 김영하 씨가 출연한 방송을 본 적이 있다. 그는 '사랑받는 주인공의 조건'으로 세 가지가 있다고 설명했는데, 인상적이어서 여기에 잠깐 소개하고자 한다.

첫 번째는 주인공이 충분한 고통을 받아야 하고,

두 번째는 주인공이 분명한 목표가 있어야 하며,

세 번째는 주인공이 그 목표를 이룰 기회가 있어야 한다고 한다.

사랑받는 주인공의 조건은 성공하는 사람의 조건이나 이순신 장군이 수백 년의 세월을 뛰어넘어 후손들에게 추앙받는 이유와도 크게 다르지 않은 것 같다. 장군은 공직생활의 시작부터 고통의 시작이었다. 남다른 정직성과 도덕성 때문에 모함과 질시 그에 따른 좌천 등 보통 사람들 같으면 눈 한 번 찔끔 감으면 될 것을, 그럴 수 없었기에 수많은 어려움을 겪는다. 임진왜란이 시작되고 백성들에게 큰 사랑을 받지만, 선조의 끊임없는 시기와 미움으로 많은 고초를 겪게 된다.

〈난중일기〉를 보면 장군이 육체적, 정신적으로 많은 고통 속에 살았음을 알 수 있다. 특히 신경성 위장질환으로 많은 시간 고통스러워했다. 하지만 이런 고통과 어려움 속에서도 해전을 통해 조선을 지키겠다는 큰 목표를 위해 굽히지 않고 하나하나 계획하고 준비하고 실천하는 모습 속에서 공은 성과를 이뤄냈고 감동적인 리더십을 발휘했다. 그래서 우린 그를 존경하지 않을 수 없다.

이처럼 사람에게 있어서 분명한 목표가 있는 것이 얼마나 중요한 것인지 알 수 있다.

목표가 정해지면 사람은 그쪽을 바라보며 달리면서 모든 일을 계획하고 실행한다. 예컨대 목표는 과녁과 같다. 만약 궁사가 활을 들고 과녁을 향해 조준하고 있는데 갑자기 바람이 불어 과녁이 넘어졌다면 궁사는 활을 접을 수밖에 없다. 목표를 잃었기 때문이다. 목표를 잃으면 아무것도 준비할 수 없고 시작점에서 출발할 수조차 없다.

업무를 할 때도 업무 목표들이 있다면 하나씩 계획성 있게 실천해 나갈 수 있다. 인생에서도 의미 있는 목표가 있다면 그곳을 향해 열정을 뿜어낼 수 있다.

그런데 많은 이들이 의외로 업무를 할 때나 삶을 살아갈 때도 마찬가지로 목표에 대해 중요하게 생각하지 않는다. 내가 무엇을 바라보고 일하고, 살아가는지를 생각하지 않으면 어떻게 일을 잘할 수 있고, 인생도 잘 살아낼 수 있을까. 우리는 여행을 갈 때도 어디로 갈지, 가서 무엇을 할지, 가기 전에 무엇을 준비하면 좋을지를 미리 생각하고 준비한다. 하물며 여가를 위해서도 목표를 설정하는데, 업무나 인생에 대해서는 말해 무엇하겠는가. 성공하고 싶다면, 인생을 잘 살아가고 싶다면 당연히 목표가 있어야 한다.

목표를 세울 때 고려해야 할 점은 그것이 구체적이어야 한다는 것이다. 양궁 과녁을 예로 들어보겠다. 양궁에서 사용하는 과녁에는 10점부터 1점까지 점수가 구분되는데, 점수별로 다른 색깔로 동그란 원이 그려져 있다. 원마다 다른 색깔을 칠한 이유는 목표별 집중력을 높이고 정중앙에 명중시킬 확률을 높이기 위해서이다. 처음부터 중앙을 맞출 수 없는 사람들은 점수가 낮은 부분부터 공략해서 점점 높여가는 방법을 선택할 수 있다. 그렇게 연습하다 보면 언젠가는 정중앙을 맞추는 일도 가능해지는 것이다. 그래서 만약 과녁에 원의 구분이 없고, 색도 없다면 정중앙에 명중시키기가 더욱 어려워질 것이다.

목표도 마찬가지다. 최종적인 목표를 달성하기 위해서는 거기까지

도달하기 위한 좀 더 쉬운 단기, 중기의 목표가 필요하다. 단기, 중기의 목표를 착실히 이뤄갈 때 우리는 자연스럽게 최종적인 목표에 도달하게 되는 것이다.

목표에 집중해야 하는 이유를 설명하는 이론으로 '돋보기 원리'란 것이 있다. 누구나 어릴 적 돋보기를 이용해 종이를 태운 경험이 있을 것이다. 돋보기를 한곳에 집중해서 초점을 맞추면 돋보기를 통과한 햇빛은 종이를 불태울 만큼 강력해진다. 하지만 집중시키지 않고 이리저리 움직이면 빛이 모이지 않고 분산돼 한참이 지나도 종이를 태울 수 없다. 이처럼 목표는 우리의 에너지를 집중시키는 힘이다.

이순신 장군의 일생을 살펴보면 처음부터 끝까지 명확한 목표의식이 있었다. 어떤 위기 가운데에서도 나라를 지키고 백성을 살려야 한다는 궁극적인 목표를 잊은 적이 없었다. 장군은 자신의 모든 에너지를 이 목표를 달성하는 데 바쳤다. 그런 장군 덕분에 조선은 임진왜란에서 최후의 승리를 거둘 수 있었다. 목표가 분명한 리더야말로 폭풍우 속에서도 자신이 속한 조직과 구성원을 온전히 지켜낸다.

많은 이들이 위기 앞에서 행운을 바란다. 사는 게 힘들다 보니 때로는 요행을 바라고 기적을 기대한다. 하지만 이유 없는 생존은 없고, 성공은 더더욱 없다. 장군의 백전백승도 모두 이유가 있는 것처럼….

행운은 잠시 나를 기분 좋게 해주고, 불운은 잠시 나의 기분을 망칠 수 있다. 하지만 중요한 건 두 가지 모두 목표로 향해가는 내 발걸음을 멈춰 세우지는 못한다는 사실이다. 그러니 언제까지 불운을 탓하며 주저앉아 있을 것인가. 지금부터라도 당신 인생을 당신의 목표와 계획 속으로 끌어들여라. 당신의 인생을 조종하고 이끄는 건 바로 당신 자신이다.

전쟁 준비는 군대의 생명이다.
장군은 전라좌수사로 부임한 후
병사의 훈련과 군기 확립, 무기의 점검과 수리,
함포사격의 효율, 배의 운용과 공격방법, 경계방법과 대응 등
전쟁 상황에서 마주하게 될 모든 방비책을 준비했다.
장군의 병법 원칙인 만전지계로 조선 수군은 최적화되었다.

백전 전승, 그것은 치밀한 계획과 준비에 대한 당연한 결과물이었다.

2장

이순신의 리더십 2

만전지계

(萬全之計)

필승 전략의 귀재

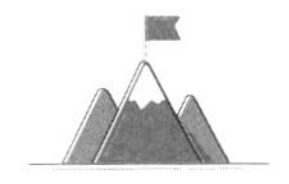

이순신의 23승, 신화가 아니다!

이순신 장군의 23전 23승은 신화적인 기록이라고 일컬어진다. 전 세계 전쟁사 어디를 뒤져봐도 백전백승의 명장을 찾기란 쉽지 않다. 게다가 사전에 미처 준비하지 못했던 전쟁(나라는 준비하지 못했지만, 장군은 준비했다), 수적으로도 턱없이 열세였던 전쟁에서의 백전백승이라니…. 이런 기록 때문에 장군의 영웅 이미지는 신화적으로까지 승격된다.

하지만 전쟁은 어디까지나 철저하게 현실이며, 그 전략은 요행이 아닌 과학을 기반으로 한다.

그의 필승 전략을 뒷받침한 대표적인 것이 바로 배였다. 조선은 비록 왜 나라가 침략할 것이라는 걸 정확히 예측하고 대비하지 못했지만, 오래전부터 발달한 조선(造船) 기술 덕분에 바다를 지킬 수 있었다. 조선 수군의 배는 과학적으로 탁월한 구조로 돼 있었고 전투를 할 때 매우 우수한 성능을 자랑했는데, 그 이름은 '판옥선'이었다.

사실 우리 민족의 조선(造船) 역사는 굉장히 오래됐다. 약 7,000년 전에 여러 사람이 거대한 고래를 잡으러 바다로 나갈 정도로 튼튼한 배를 만들 줄 알았다(울산의 반구대 암각화를 보면 여러 사람이 배를 타고 고래를 잡는 그림이 있다. 당시의 배가 거친 파도와 고래의 몸부림을 견뎌낼 정도로 튼튼했다는 것이다). 경남 창녕 부곡면 비봉리에서는 약 8,000년 전에 만들어진 것으로 추정되는 배의 조각이 발견되기도 했다(비봉리 목선).

판옥선은 조선 시대 명종 때 개발된 전투선이다. 많은 이들이 임진왜란 때 활약한 배로 거북선을 기억한다. 거북선은 소량 제조되어 맨 앞에서 적진을 흐트러뜨리고 적선을 깨부수는 돌격선 역할을 했다면, 판옥선은 조선의 주력함으로 진을 형성해 함포와 화살로 공격하는 역할을 맡았다. 장군은 거북선과 함께 판옥선의 장점을 충분히 전쟁에서 활용해 필승을 끌어낼 수 있었다. 임진왜란 발발 후 이순신 장군의 첫 승전보인 옥포해전에서 24척(작은 배를 포함하면 80여 척)의 판옥선이 출전했는데, 이후 꾸준한 판옥선 건조를 통해 이순신함대의 위용이 커졌다. 판옥선의 장점을 소개하면 다음과 같다.

첫째, 2층 구조의 2개 갑판 : 보통의 배들은 1개의 갑판을 가진 평선(平船)인데 비해 판옥선은 갑판이 이중으로 되어 있어 전투원(2층)과 비전투원(1층)이 구분, 배치되었다. 비전투원인 격군(노를 젓는 사람)이 위협에 노출되지 않고 안전하게 노를 젓는 데 전념할 수 있었다. 그뿐만 아니라 2층 갑판의 전투원들 역시 활동성에 제약 없이 전투에 집중할 수 있었고, 특히 높은 위치에서 적을 내려다보며 전투에 임할 수 있는 장점도 누릴 수 있었다.

아래층을 사용했던 격군들의 신상을 적은 기록을 보면, '봉화마을 개똥이 5척' 이런 식으로 기술돼 있다. 이는 격군들의 신장을 5척(1척은 약 30cm이므로, 키가 5척이면 약 150cm가 된다) 정도로 제한하고, 아래층 갑판의 높이를 최대한 낮게 설계해 배의 안정성을 꾀했을 것으로 추측된다.

둘째, 안정적인 평저형 구조 : 왜군의 배는 첨저형(尖底形)으로, 폭이 좁고 밑바닥이 뾰족해 속도를 최대한 빠르게 낼 수 있다는 장점이 있는 데 비해, 조선의 판옥선은 평저형(平底形)으로 배 밑이 평평하고 넓적해 이동속도는 느리나 안정적이고 노를 젓는 것만으로도 배의 방향을 바꿀 수 있었다. 무엇보다도 포를 주공격으로 하는 조선 수군에게는 안성맞춤인 구조였다. 화포 공격 이후 재장전까지 많은 시간이 소요되는데, 조선 수군의 판옥선은 노를 이용한 방향전환이 수월해 한 번 포를 발사한 후 방향을 빠르게 바꿔서 반대편의 장전된 화포를 연속적으로 이용할 수 있었다. 장군은 이러한 판옥선의 강점을 전투에서 최대한 이용했다.

셋째, 접현전(接舷戰) 불허 : 왜의 사무라이들에게 가장 자신 있는 방법은 칼싸움이었다. 그래서 왜 나라 수군의 전투는 배를 붙이고 상대방의 배로 넘어가 칼싸움으로 적을 제압하는 백병전 방식이었다. 하지만 조선의 판옥선은 높이가 높아 쉽게 넘어갈 수가 없어서 왜 나라의 장점인 접현전(배를 붙이고 넘나들며 싸우는 방식)이 어렵다. 판옥선의 높이가 높다는 점은 조선 수군의 공격 핵심인 포격전과 불화살 공격에 유리했으며 명중률 또한 크게 높일 수 있었다. 배의 높이의 차이가 별것 아닌 것 같아도 전투에서 엄청난 결과를 가져오게 한 신의 한 수였다.

넷째, 당파(撞破)전략 : 판옥선은 왜의 주력선인 세키부네보다 크고 강했다. 왜 나라 수군의 군선 '세키부네(관선(關船)이라고도 함)'는 삼나무로 만들었으며, 이음새를 쇠못으로 연결해 바닷물에 노출된 쇠못이 부식되는 단점을 안고 있었다. 시간이 지날수록 견고함이 떨어진다는 얘기다. 이에 비해 조선의 판옥선은 소나무로 만들어져 삼나무보다 강했으며, 배의 연결을 쇠못이 아닌 대나무 못으로 고정하고 홈을 파서 나무끼리 끼워 맞추는 식의 공법으로 만들어져 견고함이 왜의 배와는 비교할 수 없었다. 그래서 판옥선과 거북선의 공격전략 중 하나가 당파전략(배를 부딪치거나 함포 공격으로 적선을 파손하는 것)이었다. 장군이 승리를 거둔 해전에서 당파에 의해 파손되고 침몰한 왜 나라 수군의 배가 많았다. 특히 거북선은 돌격선으로 적의 중심부로 헤치고 들어가 좌충우돌 적선과 부딪치며 적을 혼란스럽게 만들었는데, 거북선의 앞부분에 툭 튀어나온 충돌용 돌기로 적선을 들이받으면 3척(약 90센티) 크기의 구멍이 뚫려 적선이 가라앉았다는 기록을 찾을 수 있다.

다섯째, 선회능력 : 판옥선의 밑바닥이 평저형 구조로 배의 속도를 높이는 데 적합하지 않은 구조인 것은 맞다. 장거리를 장시간 항해할 때는 불리할 수 있다. 하지만 집중력을 필요로 하는 접전 상태에서의 판옥선은 순간적으로 선회능력(방향을 전환하는 능력)이 매우 뛰어났다. 그 이유는 노의 크기였다. 노 1자루당 5명의 노수가 노를 지어 1~2명이 짓는 노의 힘과는 비교할 수 없는 동력을 만들어냈다. 배의 크기가 컸던 판옥선에서 그것도 독립된 아래층 갑판에서 노를 짓는 것에만 전념할 수 있었던 조선 수군의 선회능력은 배의 구조적 약점을 뛰어넘었다.

장군은 판옥선의 강점들을 명확하게 이해했고 전략과 전술로 사용했다. 올바로 알고 적합하게 사용했기에 판옥선이 탁월한 전투능력을 보인 것이다. 개개인의 실력이 뛰어난 오케스트라 단원들이 있을지라도 그들의 재능을 활용할 줄 모르는 무능한 지휘자가 그 악단을 이끈다면 팀 시너지 발휘는커녕 개인들의 실력발휘도 어려울 것이다. 그와 마찬가지로 리더는 자신과 자신이 속한 팀의 모습을 올바로 이해해야 한다. 그래야만 최상의 상태로 목표를 달성하는 전략을 구상할 수 있다.

이기고 싶은가?
경우의 수를 치열하게 계산하라

기업에 있어서 전략이란 기업이 추구하는 비전이나 목표를 달성하기 위해 구체적으로 방향을 설정하는 것이다. 선택과 집중을 통해 목표한 바를 이루기 위한 효과적인 접근이다. 다시 말해 비전을 이룰 수 있도록 개발한 논리를 전략이라고 볼 수 있는데, 이것이 조직의 성과에 매우 중요한 요소이다. 전략의 뜻에 관해 많은 사례나 설명이 존재하지만, 아래 이야기를 통해 "아! 이런 게 전략이구나!"를 느낄 수 있을 것이다.

2,000여 년 전, 중국 제(齊)나라의 전기(田忌) 장군은 기사경주(騎射競走)를 즐겼다. 기사경주는 네 마리의 말이 끄는 수레를 한 조(組)로 하여, 세 조의 수레가 각각 한 번씩 시합해서 가장 많이 이기는 자가 승리하는 것이다. 어느 날 전기 장군은 제왕과 경주 내기를 하게 됐다. 장군은 꼭 이기고 싶었지만, 문제는 말이었다. 제왕의 말은 자신의 말보다 더 훌륭했기 때문이었다. 앞서 경주를 해서 패한 적도 있었다. 전기장군이 고민하고 있는데, 손빈이라는 식객이 그에게 대화를 청했다.

"지금과 같은 방식으로는, 계속 패할 수밖에 없습니다."

장군은 손빈의 말을 듣고 깜짝 놀랐다.

"내가 계속해서 지는 이유가 어디에 있단 말인가?"

"제가 왕의 말과 장군의 말을 각각 비교해보았는데, 세 조의 말들은 모두 속력에서 각각 등급이 다릅니다. 그런데 제왕이 가장 좋은 말을 출전시킬 때 장군께서도 가장 좋은 말을 내보내시므로 이길 수 없는 것입니다. 경기방법을 아예 바꿔야 합니다.

세 조의 말을 세 등급으로 나누어, 왕이 가장 좋은 말을 출전시킬 때, 장군은 가장 실력이 떨어지는 말을 내보내시고, 왕이 중간 실력의 말을 출전시킬 때, 장군은 가장 좋은 말을, 왕이 가장 실력이 떨어지는 말을 출전시킬 때는 장군이 중간 실력의 말을 내보내시면 됩니다. 그렇게 하면 언제 경기를 해도 2대 1로 이기실 수 있지요."

손빈의 이 전략은 삼사법(三駟法)이라고 하는데, 중국의 병법서인 삼십육계(三十六計) 중 11계인 적전계(敵戰計, 아군과 적군의 병력이 비슷할 때 승리를 거둘 수 있는 계책)에 속한 내용이다. 이런 식으로 상황에 따라서 치밀하게 전략을 짠다면 불리한 상황 속에서도 승리를 거둘 수 있다는 것이다. 이것이 바로 전략의 가치이다.

이순신 장군처럼 필승을 꿈꾸는가? 그렇다면 전략을 짜라. 그 전략은 경쟁자의 상황까지 고려한 치밀한 것이어야 한다. 다양한 경우의 수를 고려하지 않은 전략은 있으나 마나다. 다음의 사례를 보자.

A 기업에서 신상품 런칭 전략을 짰다. 신상품은 경쟁사인 B사 상품과 비교했을 때 충분히 경쟁력이 있었지만, 이미 B사 상품이 시장의 선두를 장악했기 때문에 출시했을 때 좋은 성과를 낙관하기 어려

운 상황이었다. 하지만 제품 개발자들은 B사와 비교하면 차별점이 충분하니 출시만 하면 시장의 주도권을 가져올 수 있다고 자신만만했고, 마케팅팀은 그것에 맞게 B사 제품과 다른 차별점을 부각하는 데 중점을 둔 홍보 전략을 짰다.

CEO와 경영진에게 신상품 마케팅 계획을 보고하는 날, 모두 그간의 노고를 인정받기 위해 프레젠테이션에 총력을 다했다. 발표가 끝난 후 실무진들에게 임원들의 박수갈채가 쏟아졌다. 실무진들은 부푼 가슴으로 CEO의 칭찬을 기다렸다. 그런데 웬일인지 CEO의 표정이 퍽 어두웠다.

"김 부장, 보고 내용은 이게 다인가?"

"예, 신상품 TF팀이 6개월 동안 준비한 내용을 모두 보고드린 것입니다."

"자네들 중에, B사가 제품 업그레이드를 할 것이라는 정보를 들은 사람은 없나?"

CEO의 갑작스러운 질문에 실무진은 당황했고, 좌중은 술렁거렸다. 김 부장은 말을 더듬거렸다.

"B사의 신상품이 출시된 지 일 년이 채 되지 않았습니다. 통상적으로 제품 업그레이드 시기를 그렇게 짧게 잡는 경우는 없으므로…."

"B사에서 신상품 업그레이드를 진행하고 있네. 우리 신상품 출시와 비슷한 시기에 업그레이드 제품을 발표할 계획이라고 하더군."

CEO의 말에 실무진은 얼굴이 벌개진 채 말을 잇지 못했다. 설마, 그렇게까지 빨리 새로운 제품을 내놓는다는 거야? 그럼 기존 모델은? 실무진들의 머릿속으로 온갖 생각이 오가는 와중에 CEO의 따가운 질책이 이어졌다.

"우리가 신상품을 개발할 때 왜 경쟁자는 가만히 있을 것으로 생각하는가? 그 정도 경우의 수도 계산에 넣지 않고서야 어떻게 필승 전략이라고 할 수 있겠어!"

이 사례에서 실무진들은 경쟁자에 대해 전혀 고려하지 않은 채 신상품을 계획했다. 치열한 시장에서 승리를 거두기 위해서는 내 것을 잘 만드는 것도 중요하지만, 경쟁자를 연구해 차별화 전략을 찾는 것이 필요하다. 그것을 놓쳤기 때문에 CEO가 질책할 수밖에 없었다.

전략을 한마디로 표현하면 경쟁에서 이기는 방법이다. 우리가 느끼든 느끼지 못하든 경쟁사회와 경쟁논리 속에서 살고 있다. 우리는 어릴 적부터 경쟁에 익숙해져 있다. 더 좋은 대학을 가기 위해 친구들과 경쟁하고, 더 좋은 회사에 취업하기 위해 경쟁하고, 일터에서는 동기들보다 먼저 진급하기 위해 경쟁하고, 인생이라는 긴 여정 속에 좀 더 나은 나를 위해서 늘 경쟁하면서 산다.

경쟁에서 이기기 위해서 열심히 하는 사람들이 많다. 하지만 열심히 하는 것은 기본이어야 한다. 〈바보들은 항상 최선을 다했다고 말한다〉라는 책이 있다. 최선을 다했다는 표현은 우리나라 사람들이 참 많이 사용하는 단어다. 최선을 다한다는 건 물론 중요하다. 하지만 이 말은 종종 빈약한 성과에 대한 핑계 혹은 자기 위안으로 사용되기도 한다. 그렇기에 앞서 소개한 책 제목처럼 바보들이 사용하는 말이라고까지 혹평을 받는 것이다.

나는 축구 국가대표였던 차두리 선수의 인터뷰를 인상적으로 본 적이 있다. 그가 독일의 프로팀으로 진출했을 때 독일 선수들로부터 특이한 사실 하나를 발견했다. 우리가 흔히 쓰는 "최선을 다했다."는 말을 그들은 쓰지 않는다는 것이다. 그 이유를 물으니, 돈을 받고 운동하는 프로선수가 최선을 다하는 것은 기본 중의 기본인데 누가 그런 말을 쓰겠느냐고 했다고 한다. 대신 그들은 어떻게 잘할 것인지를 얘기한다고 한다.

그렇다. 열심히 하는 것이 전략이 될 수는 없다. 누구나 다 열심히 하기 때문이다. 그럼 어떻게 해야 하는가? 잘해야 한다. 잘하려는 방법이 바로 전략이다. 〈손자병법〉 '시계' 편에 보면 이런 글이 실려 있다.

> 전략을 짜라.
> 대체로 전쟁 시작 전에 많은 전략을 세워 싸우면 승리하고,
> 전략이 없이 전투에 나서면 이길 가능성이 낮다.
> 계산이 많으면 승리하고, 계산이 적으면 패할 것이다.
> 하물며 계산이 없을 때는 말할 것도 없다.

축구경기를 앞둔 감독들은 어떤 전략으로 상대방과 경기할지 깊이 고민한다. 그리고 세운 전략을 잘 수행할 수 있도록 전술을 마련한다. 우리가 흔히 듣는 4.4.2나 4.3.3과 같은 포메이션(formation)이 전술에 속한다. 그런데 어떤 팀이든 전략이 자주 수정된다. 무엇 때문일까?

감독은 팀의 자원인 선수 개개인의 능력을 미리 알고 이를 적절히 배치함으로써 최고의 성과를 낼 수 있도록 계획한다. 만약, 다른 선수가 배치된다면 그 선수의 능력과 강점에 맞게 전략이 수정되는 것이 당연하다.

전략을 세우기 위해서는 먼저 내가 가진 자원이 무엇이고, 어떤 강점이 있는지 이해하는 것이 우선이다. 그런 다음, 상대방의 장단점을 파악해 나의 강점을 대입해 이길 방법을 분석해야 한다. 전기 장군의 일화는 내가 가진 자원이 경쟁자에 비해 열세라 해도 경쟁에서 이길 방법이 있다는 사실을 알려준다. 이길 방법을 짤 때는 여러 가지 경우의 수를 고려해 치밀하게 짜야 한다.

당신은 지금까지 얼마나 많은 계산을 하며 경쟁해왔는가? 계산이 많으면 이기고, 계산이 적으면 지는 것이다. 아무런 계산 없이 지금에 이르렀다면 지금에 만족해야 한다. 하지만 지금보다 더 풍성한 열매를 맺고 더 행복한 미래를 맞고 싶다면, 지금부터 치밀하게 계산하라.

다방면에
지식을 보유하다

끊임없는 학습의 자세를 가진 리더

이순신 장군은 어렸을 적부터 〈사서삼경〉, 〈소학〉 등으로 착실하게 공부했고 병법서를 읽는 것을 즐겼다. 성인이 되고 관직에 나가서도 책을 열심히 읽었다. 공은 난중일기에 〈증손전수방략〉(增損戰守方略, 수전 · 육전 · 화공 등 다양한 전술을 담고 있는 병법서로 류성룡이 이순신에게 선물함), 〈동국사〉(東國史, 단군조선부터 고려까지를 기록한 역사서)를 읽었다고 적었고, 〈송사〉(宋史, 중국의 역사서)에 대해서는 독후감을 남겼다. 〈난중일기〉, 〈임진장초〉(이순신이 전라좌도 수군절도사일 때부터 삼도수군통제사를 겸할 때까지 조선 조정에 올린 장계 모음집), 〈이충무공행록〉에는 공이 얼마나 많은 책을 읽고 사색

했는지를 보여주는 증거가 넘쳐난다. 〈이충무공행록〉에는 그가 독서를 좋아했고 학식이 뛰어났다는 사실을 알려주는 일화가 실려 있다.

공이 만 31세이던 선조 9년(1576년) 병자년 식년무과(3년에 한 번씩 시행되는 정기적인 무과로, 3단계에 걸쳐 진행됐다)에서 병과에 급제했을 때의 일이다. 시험 과목의 하나인 무경강독(武經講讀)에서 시험관이 이순신에게 질문했다.

"장량(한나라 고조 유방의 책사로, 지략이 뛰어난 인물)이 적송자(비의 신 우사雨師)를 따라가 놀았다고 하니 장량이 과연 죽지 않고 살았을까요?"

이 질문에 답하려면 장량이라는 인물을 잘 알고 있어야 한다. 장량은 유방의 책사였다. 천하통일을 이룩한 한나라 고조 유방은 자신의 측근들을 차례로 제거했지만, 웬일인지 장량은 죽이지 않고 대접했다. 그러나 장량은 자신 역시 죽을 것으로 예상하고 상을 받지 않고 은둔해서 살았다. 중국에서는 장량이 '적송자를 좇았다'는 표현으로 신선이 됐다고 전해지고 있다.

시험관의 질문에 이순신은 이렇게 답했다.

"삶이 있으면 반드시 죽음이 있는 법이고, 또 강목에 임자년에 장량이 죽었다고 쓰여 있으니 어찌 신선을 따라가 죽지 않을 리가 있겠습니까."

이순신의 답변을 들은 시험관들은 감탄하지 않을 수 없었다.

"보통의 무관으로서는 알 수 없는 일이다!"

시험관들이 감탄한 이유는 이순신이 〈강목(綱目, 사마광의 '자치통감'을 주자가 정리한 역사서)〉에 있는 장량에 대한 기록을 몰랐다면 답변할 수 없었을 것이기 때문이다. 대개 유학공부를 소홀히 하는 경향이 있는 무신 지망생들이 쉽게 답할 수 있는 내용은 아니었다.

이순신의 학습욕은 전쟁 중에도 멈추지 않았다. 임진왜란 때 삼도수군통제사의 자리에 있을 때도 역사서인 〈동국사(東國史)〉와 〈송사(宋史)〉를 읽고 사색했다는 〈난중일기〉의 기록을 보면 장군이 얼마나 부지런히 공부하는 사람이었는지 알 수 있다. 이순신은 독서를 통해 아이디어와 통찰을 얻어 부하들의 사기를 고양하고 승리 의지를 불태우게 했다. 그 예로 〈송사(宋史)〉의 〈유기전(劉錡傳)〉을 읽고 '죽음 속에서 살길을 찾는다.'라는 의미의 '사중구생(死中求生)'을 '필사즉생(必死卽生)'으로 바꿔 병사들에게 사용했다. 이처럼 장군은 풍부한 지식을 보유하고 있었기에 다양한 지략을 구사할 수 있었고 전쟁에서 승리할 수 있었다.

장군이 민요 '강강수월래(强羌水越來)'를 적군을 막는 데 활용했다는 것도 잘 알려진 사실이다. 강강수월래는 '강한 오랑캐가 물을 건너오니 주위를 경계하라.'는 뜻으로, 장군이 전라남도 해남에 진을 치고 있을 때 왜군에 비해 아군의 수가 턱없이 부족한 상황을 만회하기 위해 부녀자들을 모아 남장을 하게 한 후 강강수월래를 부르며 산 중턱에서 빙빙 돌게 했다. 이를 본 왜군은 조선군의 숫자가 매우 많다고 생각하고 감히 침범할 생각을 못했다는 것이다. 임진왜란 때 지은 시조 '한산도가(閑山島歌)' 역시 장군의 문학적·예술적 소양을 잘 알려주는 증거로, 장군이 웬만한 문인 못지않은 글솜씨를 갖고 있음을 알 수 있다(이 시조의 원문은 1장의 '운이 없어도 포기하지 않는다'에 소개돼 있다).

장군이 다방면으로 풍부한 지식을 갖고 있었다는 것은 정말 감탄할 만하다. 그런데 이것보다 더 중요한 점이 있다. 장군의 학습은 단지 학문을 연구하고 책을 가까이하는 것만이 아니었다는 사실이다. 장군은 열렬한 학습욕으로 다른 사람들로부터 끊임없이 새로운 지식과 정보를 수집했다. 설사 그 사람이 자신보다 신분이 높지 않은 하급 관리라 하더라도 말이다. 이 사실을 알려주는 것이 거북선이다.

이순신 장군이 거북선을 전쟁에 활용했다는 건 잘 알려진 사실이다. 그런데 장군이 거북선을 처음으로 만든 건 아니었다. 조선왕조실록을 보면 태종이 임진강 나루에서 귀선(龜船, 거북선)이 왜선으로 꾸민 배와 싸우는 걸 보았다는 기록이 있다. 조선의 문헌에서 거북선이 최초로 등장한 것이다.

이후 어떤 문헌에도 나타나지 않던 거북선은 임진왜란 때 다시 등장한다. 이순신 휘하에 있던 군관 나대용(羅大用)이 장군을 도와 거북선의 제작을 진행했다고 한다. 추측하건대 고려 말 조선 초에 존재했던 거북선이 어떤 이유에서든 잘 사용되지 않다가 임진왜란 때 이순신 장군에 의해 전투에서 활용됐을 것이다. 이때 나대용이 장군에게 거북선 건조를 제안했다는 것이다.

만약 장군이 새로운 지식에 대해 무관심하고, 직급에 대한 선입견과 교만함이 있었다면 어땠을까? "야! 있는 거나 가지고 잘 싸워. 꼭 일 못하는 애들이 쓸데없이 새로운 거 만들자고 해."

어쩌면 거북선이 임진왜란 때 등장하지 못했을 수도 있지 않았을까.

장군은 늘 열린 마음으로 새로운 지식과 정보를 수집했을 뿐 아니라, 다른 사람의 이야기를 선입관 없이 경청했고 상대가 누구든 자신보다 우수한 점이 있다면 적극적으로 수용했다. 그런 상관을 만났기에 나대용은 거북선을 비롯해 여러 종류의 전선(戰船)을 개발할 수 있었다. 장군은 함포와 화포 등의 무기를 바탕으로 한 전술 개발에도 적극적이었다. 열정적인 학습욕, 적극적인 경청이 없었다면 백전백승의 승리를 거둘 수 없었을 것이다.

자기계발을 권하는 조직 vs. 회피하는 조직

장군의 열정적인 학습의 자세를 현재의 용어로 표현하면 자기계발이라고 할 수 있다. 리더에게 학습은 필수적이다. 적어도 자신의 분야에서만큼은 후배들을 지도해줄 수 있는 지식과 기술을 갖고 있어야 후배들이 신뢰하고 따를 수 있다. 또한 후배들에게 자기계발의 기회를 제공하고 여건을 조성해줘야 한다. 후배를 나와 같은 리더로 성장시키는 것이 리더로서의 책임이기 때문이다.

GE(General Electric)를 세계 최고의 기업으로 성장시킨 잭 웰치(Jack Welch) 회장이 20년 간의 회장직을 내려놓고 은퇴할 때 기자들이 그를 둘러싸고 질문했다.

"잭 당신은 GE에서 이뤄놓은 업적이 참 많은데, 그중 가장 기억에 남는 것이 무엇입니까?"

"약 1만 명의 리더들입니다. 그들이 GE를 이끌어 갈 것이고, 세상을 바꿀 것입니다."

잭 웰치는 재임 동안 리더들을 양성하기 위해 많은 시간과 비용을 아끼지 않았다. 기업은 결국 사람이 성장시키고 이끌어갈 수밖에 없다는 사실을 명확히 알았기 때문에 무엇보다 리더를 세우고 성장시키는 데 집중했다. 퇴임하면서 그것이 가장 자부심을 느끼는 일이라고 밝혔다.

나는 많은 기업을 다니며 인재개발 컨설팅과 강연을 한다. 그러다 보니 자기계발에 관해 회사 경영진이 상당히 불편한 시각을 가질 때가 많다는 사실을 알게 됐다. 비용을 들여 강사를 초빙하고 독서클럽을 운영하는 등 직원들의 자기계발에 굉장히 관심이 많은데 무슨 소리냐고? 경영진의 복잡한 속내를 알려주는 일화를 소개하겠다.

모 기업에서 팀장 한 명이 퇴사했다. 그는 회사 CEO를 비롯한 경영진의 사랑을 듬뿍 받는 실력파 인재였다. 워낙 재주가 뛰어나니 다른 회사에서 스카우트 제의가 들어왔으리라 생각하고 그에게 앞으로의 계획을 물었다.

"글쎄요. 갑자기 퇴사하게 된 것이라 지금 당장은 계획이 없어요."

놀라서 물어보니 사연은 이랬다. 그는 언제나 자기계발을 열심히 했다. 독서를 많이 하고 짬짬이 강연도 들으러 다녔으며 박사 학위까지 취득했다. 경영진은 이런 그를 처음엔 격려했다.

"우린 일 끝나면 집에 가서 잠자기 바쁜데, 자넨 대단하네."

하지만 박사 학위에 이어 책까지 집필해서 출간하자 경영진의 시선이 따가워지기 시작했다.

"근무시간에 딴짓을 하지 않고서야 저렇게 할 수 있겠어? 근무 태도와 업무 실적을 조사해봐!"

급기야 이런 말까지 나오자 그는 어쩔 수 없이 퇴사했다. 자의 반 타의 반이었던 셈이다.

이 책을 읽고 있는 당신이 팀장급 이상이라면, 당신의 조직이 직원들의 자기계발을 진심으로 원하고 권장하는 분위기인지 생각해볼 필요가 있다. 경영진에서 자기계발을 바라보는 시선이 매우 중요하다. 많은 회사가 자기계발의 필요성을 알고 표면적으로는 지원하고 장려하는 분위기다. 하지만 한 단계 더 자세히 들여다보면 자기계발에 대한 편견이 존재함을 알 수 있다. 자기계발을 하다 보면 회사 근무시간까지 침범하게 될 것이라는 편견 말이다. 경영진의 이런 생각 때문에 직원들은 눈치가 보여 자유롭게 자기계발 프로그램을 이행하지 못하는 경우가 많다.

나는 선배들로부터 삼성의 창업주 이병철 회장의 이야기를 들은 적이 있다. 한국에서 삼성이 가장 먼저 직원교육을 하며 직원들의 성장에 투자할 때였다. 기업 회장들의 모임에서 모기업의 회장이 물었단다.

"돈 들이고 시간 들여서 교육하면 뭐합니까? 나가버리면 그만인데!"

그때 이병철 회장은 이렇게 대답했다고 한다.

"뭐 나가서 회사를 옮겨봐야 국내에 있지 않겠습니까? 나가도 한국이 발전하는 데는 도움이 되겠지요."

이 얘기를 듣고 이병철 회장의 생각이 참 컸다는 생각을 갖게 됐다. 일찍부터 인재의 중요성을 깨닫고 인재양성을 위해 노력한 이 회장의 노력이 지금의 삼성을 만드는 데 일정 부분 이바지했을 것이다.

자기계발과 학습은 인재성장의 시작이다. 개인의 성장이 아닌, 개인이 속해있는 조직과 회사의 성장으로 연결된다는 넓은 시야로 바라볼 필요가 있다. 리더에게는 이런 시선과 마인드가 필요하다.

듣는 기술로 리더십을 완성하다

이순신 장군은 부하들에게 참 많은 관심과 애정을 가졌다고 한다. 〈난중일기〉에는 심부름을 보낸 노비의 안부를 염려하는 구절이 나온다. 철저한 신분사회였던 조선에서 흔치 않은 리더십이다. 그는 늘 자신의 부하들과 소통했고 그들의 의견에 귀를 기울였다.

한 번 실수하면 돌이킬 수 없는 절체절명의 위기 순간이므로 매사에 심사숙고했겠지만, 경청하는 리더십을 갖고 있기에 가능했다.

경청은 리더의 중요 덕목 중 하나다. 말을 잘하는 사람보다 말을 잘 들어주는 사람에게 사람들이 모인다. 군관들도 자신들의 작은 의견까지 귀담아들어 주는 이순신의 리더십에 충성하지 않을 수 없었다.

리더십은 관계설정이 매우 중요하다. 관계의 시작은 대화에서 시작한다. 그 대화의 중심이 바로 듣는 것이다. 나는 우리가 사용하는 귀를 세 가지로 구분하고 싶다.

〈첫째〉 소리를 듣는 귀로, 누구나가 갖고 있다. 특별히 준비하지 않아도 열리는 귀다.

〈둘째〉 그 말의 뜻을 올바로 알아듣는 귀로, 듣겠다고 하는 준비가 있어야 한다.

〈셋째〉 상대방이 차마 이야기하지 않았지만, 그 사람의 속마음까지 알아듣는 귀로, 진정한 경청을 할 수 있는 내 안에 가장 깊은 귀다.

우리는 이 세 가지 귀를 모두 갖고 있다. 어떤 마음과 자세인가에 따라 이 귀들은 모두 작동하기도 하고, 일부만 작동하기도 한다. 이순신 장군처럼 경청하는 리더십을 가진 사람은, 상대방이 말하는 내용뿐 아니라 그 내면에 깔린 동기나 정서까지 파악한다. 세 가지 귀가 모두 작동하는 것이다. 다시 말해 '말'은 소리이므로 귀로 듣는다. 하지만 '말귀'는 의미이므로 가슴으로 들어야 한다. 소리뿐만이 아니라 상대방의 기분과 마음까지 듣는 것이 진정한 경청이다. 만약 당신이 이런 듣는 기술을 갖고 있다면 그것은 성공을 위한 최고의 기술을 가진 것이다.

사람들이 원하는 것은 자기를 알아주는 것이요, 자기 얘기를 들어주는 것이다. 말을 잘하는 사람보다 말을 잘 들어주는 사람에게 사람들이 많이 모이는 이유가 그것이다. 귀는 항상 열려 있지만 입은 언제나 닫을 수 있게 만들어져 있는 것은 아마 이런 뜻을 보여주시기 위한 신의 섭리가 아닐까?

'지혜는 들음에서 오고, 후회는 말함에서 온다'는 영국 속담처럼, 사람은 익을수록 많이 듣고 적게 말하는 것이 승리의 비결이다. 아무나 갖지 못하는 경청, 그것이 당신의 강점이라면 당신의 인간관계와 리더십은 무궁무진한 발전 가능성을 가진 것이다. 소리뿐만 아니라 상대방의 기분까지 들어라!

평온할 때
위기를 대비하다

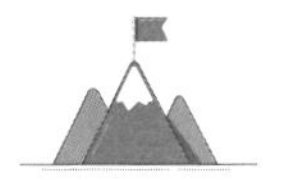

조선 조정, 일본의 변화를 감지하지 못하다

왜군은 임진왜란 초기부터 승승장구했다. 1592년 4월 14일 부산에 상륙한 후 파죽지세로 북상해 불과 20여 일 만에 한양을 손안에 넣었다. 조선군은 왜군의 북상을 막지 못하고 번번이 패했다. 왜란 초기에 이토록 조선군이 연패를 거듭했던 이유는 전쟁을 대비하지 못했기 때문이다. 조선 건국 후 200년간 이어진 평화에 익숙해져서 왜의 선생 준비를 감지하지 못했다는 것이다.

그런데 당시 상황을 좀 더 들여다보면, 조선 조정이 전쟁을 전혀 짐작하지 못했던 것은 아니었다. 임진왜란 전에 조선은 왜 나라의 요청으로 통신사를 파견했는데, 이때 왜 나라를 다녀온 통신사 황윤길과 김성일은 상반된 의견을 내놓는다(통신사 파견에 관련된 내용은 4장의 '임진왜란, 그리고 이순신'에 자세히 기술한다). 황윤길은 왜가 반드시 조선을 칠 것이니 대비해야 한다고 했고, 김성일은 도요토미 히데요시가 그럴 그릇으로 보이지 않으며 전쟁을 준비하는 기미가 없었다고 한 것이다. 조선 조정은 의견이 나뉘어 갑론을박하다가 결국 김성일의 의견에 따라 전쟁을 대비하지 않았다. 이후 왜 나라는 조선을 침략할 뜻을 굳히고 조선에 머무는 왜인들을 소환해 왜관이 텅 비자, 조정은 뒤늦게 군 시설을 점검했지만 이미 왜 나라가 조선을 향한 침략의 칼을 뽑아 든 후였다.

정확하게 이야기하자면, 조선 조정은 전쟁을 전혀 감지하지 못했던 게 아니라 안일했다. 느낌은 안 좋았지만 왜가 설마 우리나라에 쳐들어오겠냐고 생각한 것이다. 조선은 왜 나라보다 정치, 경제, 사회, 문화 전반적으로 우월했다고 오판했기에 왜 나라를 얕잡아 보는 경향이 있었다. 하지만 심각한 착각이었다. 왜 나라는 조선에 비해 군사적으로뿐만 아니라 경제적으로도 우위를 점하고 있었다. 16세기 중반 일본은 세계에서 두 번째로 많은 은을 생산하는 국가였다. 은을 생산한다는 것은 엄청난 화폐 자원 확보를 통해 국가 경제력이 상당히 커졌다는 것을 의미한다.

반면 조선은 오랫동안 외척의 전횡(명종의 외삼촌 윤원형이 누나이자 명종의 어머니 문정왕후를 등에 업고 약 20년간 권세를 휘둘렀다)으로 나라가 쇠약해진 상태였다. 선조 즉위 후에는 대신들 간에 당파가 형성된 데다 무려 1,000명의 사람이 희생된 기축옥사(정여립이 역모를 꾸몄다는 사건)로 인해 정치적으로 화합하지 못한 상황이었다. 그래서 국외의 정세변화를 제대로 관찰하지 못했고 전쟁에 대비해 변변한 준비를 하지 못했다.

참 안타까운 일이다. 판단력을 상실할 수밖에 없었던 조선 조정에서 갑론을박을 벌이고 있을 때, 한 사람만은 전쟁을 예감하고 군선을 건조하고 군비를 확충하는 등 차근차근 준비해나갔다. 우리 모두 알다시피 그는 이순신 장군이다.

전쟁을 예견하고 준비하다

임진왜란이 일어나기 1년 2개월 전 이순신은 전라좌수사로 임명된다. 부임해 전라 좌수영의 실상을 파악한 그는 실망했다. 병력과 전선, 무기 등이 실제 편제와 다르게 부족하고 낡았기 때문이다. 특히 이 당시 병역(군대에 복무하는 것)의 회피가 일반적인 상황이었다. 다시 말해 병적부에는 이름이 올라 있으나 실제로 근무하는 병사는 적었다. 장군은 이전의 발포만호(만호는 적의 침입 방어를 위한 만호부의 관리. 발포만호는 전라 좌수영 산하의 군 기지를 책임지는 관리를 말한다) 시절부터 이러한 사실을 잘 알고 있었기에 전라 좌수영 내 모든 병력의 징발을 허위 없이 철저히 할 것을 지시했다. 그 덕분에 전라 좌수영은 편제대로 병력을 보유할 수 있었다.

〈난중일기〉 임진년 3월 6일 자 기록을 보면 당시 방비 태세가 얼마나 엉망인지 알 수 있다.

"무기를 검열하니 활, 갑옷, 투구, 화살집, 환도 등이 깨어지고 낡아서 쓸모없이 된 것이 많으므로 색리(지방 관청에서 행정업무를 담당한 말단 관리)와 궁장(활과 화살을 제작하는 사람), 감고(지방 관청에서 조세와 공물 징수를 담당하는 하급관리)를 처벌했다."

언제 어느 때든 전쟁을 벌이더라도 승리를 거둘 수 있도록 장군은 시설과 무기, 전투 장비를 철저히 준비했다. 이런 장군의 노력은 〈난중일기〉에 잘 나타나 있다.

"쇠사슬을 가로 묶을 크고 작은 돌 팔십여 개를 실어 왔다."(2월 2일)
"이날 거북선(龜船)의 돛으로 사용할 베 스물아홉 필을 받았다."(2월 8일)
"새벽에 쇠사슬을 끼울 긴 나무를 베기 위해 이원룡에게 군사를 주어 두산도로 보냈다."(2월 9일)
"새로 쌓은 포구의 축대가 무너져 석수(石手)들에게 벌을 주고 다시 쌓게 했다."(2월 15일)
"배를 타고 소포에 도착해 쇠사슬을 건너 매는 것을 감독하고, 종일 나무 기둥 세우는 것을 감독했다. 그리고 거북선(龜船)에서 함포사격도 시험했다."(3월 27일)

육지에는 성을 보수하고 병력을 확보함과 동시에 판옥선 건조를 시작했다. 조정에서 지시한 것이 아니라 장군 스스로 준비한 것이다. 나무를 잘라 배를 만들고, 쇠를 녹여 무기를 만들었다. 둔전을 경작하여 군량미를 확보함과 동시에 소금과 고기를 팔아 병사들에게 군복을 입혔다. 바다에는 여수를 중심으로 전라도 해역의 섬의 위치부터 지형, 인구 등을 조사했고, 물의 흐름과 조수 간만 등의 세심한 부분까지 재조사를 명했다.

또한 장군은 병사들의 해이해진 군기를 바로잡고 단결력을 강화했다. 중앙정부에만 존재하는 줄 알았던 당파(黨派) 갈등이 병사들에게도 있었다. 공은 모든 병사에게 당파를 짓는 행위를 방지하기 위해 서약을 받았고, 이를 일벌백계하겠다는 뜻을 명확히 했다. 전투 집단에게 있어서 단결과 협동은 전쟁의 승패를 가르는 매우 중요한 요소임과 동시에 군대의 사기에 매우 큰 영향을 미치기 때문에 장군은 내치에도 신경을 썼다.

장군은 무너진 군기를 세우기 위해 군법을 엄격히 적용했다. 임진년 1월 16일의 〈난중일기〉를 보자.

> "각 고을의 벼슬아치들과 색리(지방 관청에서 행정업무를 담당한 말단 관리)들이 인사하러 왔다. 방답(전남 여수시 돌산군 군내리에 있는 조선 수군 기지)의 군관과 색리들이 병선을 수리하지 않아 곤장을 때렸다."

하급관리뿐 아니라 지휘관들에게도 엄격한 규율을 강조했다. 본

영과 각 포진의 지휘관들의 활쏘기 능력을 정기적으로 점검했다. 1월 15일과 3월 15일에 군관들에게 활쏘기 시합을 시켰다는 난중일기의 기록을 보면 장군은 활쏘기 능력을 매우 중요하게 여긴 것으로 보인다. 지금으로 말하면 사격훈련과 훈련점수를 관리한 것이다. 또한 영내의 중요한 의사결정 사항은 5관(순천, 보성, 낙안, 광양, 흥양) 5포(방답, 사도, 녹도, 발포, 여도)의 장수들과 함께 결정하며 그들의 존재감을 일깨워줬다.

임진왜란이 일어나기 50여 일 전인 임진년 2월 19일, 장군은 해안의 각 부대를 돌며 점검에 들어갔다. 백야곶을 출발해 여도, 고흥, 녹도, 발포, 방답 등 장군의 지휘 아래에 있는 지역을 돌며 방비 태세를 점검했다. 9일 간의 순시를 통해 각 해안부대의 문제와 보완점을 찾아 개선작업에 들어갔다. 이때의 기록이 〈난중일기〉에 실려 있다.

2월 27일 흐림

아침에 점검한 후 북쪽 봉우리에 올라가 지형을 살펴보니, 따로 떨어져 외로운 섬이라 사방에서 적의 공격을 받을 수 있고, 성과 해자(적의 공격을 방어하기 위해 성 밖 둘레를 파서 만든 도랑)도 견고하지 못하니 걱정이 된다. 첨사가 노력했지만, 아직 준비하지 못함을 어찌하랴.

장군은 적은 병력으로도 적을 효과적으로 막기 위해 해저 장애물을 설치하기 시작했다. 좁은 바닷길의 양쪽에 무거운 돌덩이와 나무를 두고 거기에 쇠사슬을 설치했는데, 적선의 침입을 저지하기 위한 목적이었다. 장군이 바닷속에 쇠사슬을 설치했다는 기록은 난중일기에 여러 번 등장한다(명량해전 때에도 울돌목에 수중 철쇄가 설치됐다는 이야기가 있지만 정확한 기록이 없어 신뢰할 수 없다). 승리를 위해 바닷속까지 살폈던 이순신 장군의 치밀한 준비를 알 수 있는 대목이다.

이처럼 장군은 일찍부터 전쟁을 대비했다. 갑작스러운 점검과 보수, 훈련과 전투준비에 처음엔 불만을 가진 자들도 있었지만, 잠시였다. 곧 임진왜란이 발발했기 때문이다. 철저한 군비 확충과 지휘관과 군사들의 기강 확립으로 전라 좌수영은 가장 준비된 상태에서 왜군과 싸울 수 있었다. 평소에 위기를 대비하는 것이야말로 치열한 전쟁터에서 승리할 수 있는 아주 확실하고 안전한 방법, 만전지계(萬全之計)이다.

당신의 조직, 혹시 낮잠 중인가?

평온할 때에 위기를 대비한 이순신 장군은 칭송의 대상이지만, 반면에 당시 조선 조정과 선조는 후손들에게 두고두고 욕을 먹고 있다. 미리 위기를 대비하지 못해서 큰 화를 불렀다고. 하지만 솔직히 돌아보자. 나는, 나의 회사는 어떤가. 조선 조정과 선조처럼 생각한 적이 없는가. 설마, 저 기업이 우리를 앞서겠어? 후발기업이고, 우리가 업계 선두인데 설마 뒤처지겠어? 이렇게 안일하게 생각한 적이 없는가.

생각보다 많은 개인, 많은 회사가 하루를 그냥 산다. 그날그날의 무사함에 감사하며 내일을 생각하지 않는다. 그렇게 근근이 하루하루를 이어갈 때 어느 순간 위기가 턱밑까지 쫓아와 순통을 흔들어댄다.

오늘 괜찮으니 내일도 별일 없을 거라고? 지금 잘 나가니 괜찮다고? 물론 잘 나가고 있는 사람 혹은 기업이 쉽게 따라잡히지는 않는다. 그러나 거북이도 부지런하게 걷기만 하면 낮잠 자는 토끼를 따라잡는다. 당신, 그리고 당신의 회사는 혹시 낮잠을 자고 있지 않은가?

장군은 자신을 둘러싼 외부(왜 나라)와 내부(조선) 환경의 움직임을 예의 주시하면서 그에 맞게 대응했다. 위기에 대비하려면, 내부 환경적으로는 일상적인 행위에 안주하지 않고 미래를 바라봐야 하고, 외부 환경적으로는 경쟁자의 움직임을 미래 관점에서 바라봐야 한다. 장군은 안팎 환경에 대한 예민한 관찰과 그에 걸맞은 대응으로 23전 23승의 대기록을 세울 수 있었다.

평온한 현실에 안주하지 않고, 과거의 영광에 함몰되지 않고 미래를 대비하는 게 그리 쉬운 일만은 아니다. 전 세계적으로 1등의 자리에 있던 기업들마저도 몰락의 길로 접어들었다. 디지털카메라를 개발하고도 필름카메라의 영광에 함몰돼 외부 환경의 변화를 읽지 못한 코닥, 스마트폰으로의 시장변화를 읽지 못한 노키아, 디지털시대에 대응하지 못한 소니. 이 세 기업의 몰락은 비즈니스 세계에서 너무나 잘 알려진 유명한 일화다.

기억해야 할 것은 잘 나가던 기업들이 판단 한 번 잘못한 탓에 폭삭 주저앉는 게 아니라는 사실이다. 몰락은 한순간이지 않으며, 서서히 진행된다. 일등 혹은 선두가 지속되면 내부 환경은 교만에 빠지거나 현실에 안주하면서 무사안일에 젖어든다. 외부 환경은 빠르게 변화하고 경쟁자도 나날이 성장하는데 안일하게 시간을 보내는 것이다. 그렇게 서서히 뒤처지다가 위기를 만나 좌초된다. 만약 미리 대비했다면 위기에 능히 맞대응할 수 있었겠지만, 그렇지 않았기에 위기가 추락으로 이어지게 된다. 일등 기업의 몰락 전에는 그런 움직임이 있다.

이런 모습은 임진왜란 훨씬 전부터 조선이 서서히 쇠락해가는 과정과 닮았다. 많은 이들이 임진왜란의 책임을 선조에게 묻는다. 선조가 나라에 닥친 큰 위기에 리더답게 대처하지 못했던 건 분명한 사실이다. 그러나 임진왜란에 대처하지 못한 책임이 모두 선조에게 있지 않다. 앞서 설명한 것처럼 조선의 위기는 그 이전부터 시작됐다. 연산군의 10년 간의 폭정, 네 차례의 사화(士禍), 외척의 득세로 인해 부패가 만연돼 나라가 병들어가고 있었다.

조선에는 네 번의 사화(무오사화, 갑자사화, 기묘사화, 을사사화)가 있었다. 사화(士禍)는 선비들이 큰 화를 입었다는 의미로, 신진사대부라고 불리는 젊은 선비들이 기존의 세력들로부터 탄압을 받아 사화로 적잖은 인재들이 축출됐고, 이후 부패한 세력이 더 힘을 얻은 것은 두말하면 잔소리다.

이런 사화가 모두 연산군부터 명종 대까지 48년(무오사화 1498년, 을사사화 1545년) 사이에 일어났다. 짧은 시간 내 사화가 집중적으로 일어나면서 정세가 불안정했고, 외척이 득세해서 부패가 만연됐다. 겉으로는 전쟁 한 번 없는 평화의 시대처럼 보였지만, 나라의 힘은 점점 약해졌다. 이러한 내부 환경으로 외세의 침입에 대비할 수 없었던 것이다.

평화롭고 안정적일 때 내부 환경을 잘 정비하고 한마음으로 뭉쳐 미래를 준비한다면 위기 극복은 물론이고 업계 선두의 자리도 굳건히 할 수 있다. 현재에 안주하지 않고 미래에 투자한 회사가 있는데, 바로 세계적인 기업 인텔(Intel)이다(이 사례는 미국 스탠퍼드대학교 MBA의 사례 연구에서 인용한 내용이다). 인텔은 창업과 함께 메모리칩을 만들어 주목을 받았다. 특히 디램(DRAM : Dynamic Random Access Memory. 컴퓨터의 기억장치 램의 한 종류)의 원천특허를 갖고 시장을 주도했다. 수익도 컸으며 위협하는 경쟁사도 없었다. 하지만 인텔은 CPU(컴퓨터 중앙처리장치)가 회사의 미래를 책임져줄 것이라는 확신을 갖고 방향을 선회한다.

인텔은 CPU 개발에 박차를 가하며 빛나는 결실을 거둔다. IBM과 함께 개인 PC 시장을 열게 된 것이다. 또한 '인텔인사이드(Intel Inside)'라는 캐치프레이즈와 함께 세계의 반도체시장을 석권했다. 이제 인텔은 혁신의 아이콘으로 불리고 있다. 미래를 향한 시의적절한 준비로 30년간 반도체시장을 주도한 인텔이 앞으로 어떤 변화를 보여줄지 기대된다.

결과론적으로 보면 인텔은 좋은 선택을 한 것이다. 하지만 미래는 누구도 예측할 수 없다. 사업의 방향을 바꿔서 성공할 것이라는 확신이 없는 상태에서 이런 결정을 하는 것이 어디 쉬운 일인가. 시장변화를 자세히 관찰해 미래 생존전략을 계획한 결과라고 볼 수 있다.

인텔도 사업의 방향을 바꾸는 것이 쉬운 일은 아니었던 듯하다. 그 일로 인텔 내부는 3년 간이나 진통을 겪었다. 돈 잘 벌고 있는 사업에 주력하지 않고 새로운 것에 투자한다니 내부 반대가 만만치 않았다. 당신이 그때 인텔의 직원이라면 어떠했을지를 상상해보면 이해하기가 매우 쉬워질 것이다.

메모리칩의 인기가 좋아서 만드는 족족 팔려나가 매출과 수익이 최고이고, 연말이면 성과급도 두둑하게 받을 수 있다. 그런데 갑자기 새로운 사업기획을 추진하면서 나보고 신규사업부로 가란다. 가고 싶을까? 묵묵히 따를 수 있을까? 임원이나 리더의 입장도 마찬가지일 것이다. 잘 나가던 부서를 맡고 있는데, 갑자기 부서원들을 내놓으란다. 신규사업을 위해 규모를 줄이란다. "그래 회사의 미래가 중요하니 그리하는 게 좋겠어!"라고 생각하는 리더가 몇이나 될까? 쉽지 않았을 것이다.

익숙한 일을 두고 새로운 일을 시작하는 건 피곤하고 귀찮은 일이다. 하지만 평온할 때에 위기를 대비하지 않으면 막상 일이 닥쳤을 때 무너져 내릴 수밖에 없다. 리더는 평화로운 때일수록 위기를 대비하는 방법을 준비해야 한다. 이러한 의사결정이 기업의 운명을 좌우하게 된다.

세상은 끊임없이 변화해왔고, 변할 것이다. 내가 속한 내부 환경과 나를 둘러싼 외부 환경도 분명히 변할 것이다. 게다가 변화의 속도는 점점 빨라지고 있다.

2,500년 전 그리스 철학자 헤라클레이토스가 이런 얘기를 했다.

"우리는 똑같은 강물에 손을 씻을 수 없다. 변한다는 것만이 변하지 않는 진리이다."

최고의 경영학자라 불리는 탐 피터스(Tom Peters)도 변화에 대해서 이렇게 얘기했다.

"이 세상에서 변하지 않는 유일한 그 무엇인가 있다면, 그것은 바로 세상이 변한다는 것이다."

과거의 성취에 도취한 개인 또는 기업은 실패할 수밖에 없다. 그러니 '설마'를 외치지 말고 현재 잘하고 있는지 점검하고 미래를 대비해야 한다. 나 혹은 우리 회사가 잘하고 있는지 점검하는 방법은 간단하다. 5, 10년 후를 그려보는 것이다. 비교적 또렷하게 모습이 그려지고 그래프로 표현했을 때 점진적인 상향이 충분히 예상된다면 잘하고 있는 것이지만, 이와 반대로 미래를 예측하기 어렵다면 당장 위기대응 방법을 세워야 한다.

자기 삶의 주체로서, 조직의 구성원으로서 더욱 나은 질적 향상을 원한다면 내부 환경과 외부 환경을 면밀히 관찰하면서 그 변화에 대응하는 방법을 찾아야 한다. 이순신 장군처럼 환경을 탓해야 할 대상이 아닌, 극복해야 할 대상으로 여기고 맡은 바 임무와 책임에 집중한다면 도태되는 일 없이 어떤 위기도 극복할 수 있을 것이다.

"리더십이란 변화를 사랑하는 것을 배우는 것이다."라는 탐 피터스의 말처럼 현명한 리더들은 변화에 저항하기보다는 변화를 준비하며 주도하는 것을 즐긴다. 변화만이 미래를 보장할 확실한 방안이기 때문이다.

치밀하게 정보를 수집하고 꼼꼼하게 기록하다

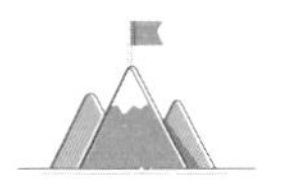

조선, 8,000명의 군사를 잃다

정보의 시대를 살아가는 우리는 정보가 경쟁에서 우위를 점할 수 있는 매우 중요한 키(Key)라는 것을 잘 알고 있다. 그래서 정보 수집을 위해 적지 않은 시간과 비용을 기꺼이 지불한다. 400년 전의 리더 이순신은 정보의 중요성을 잘 알고 있었다. 적에 비해 여러모로 열세였고 한 번만 패해도 치명상을 입을 수 있었기 때문에 함내 운용에 신중할 수밖에 없었다. 장군은 적의 동태를 파악하기 위해 적극적으로 첩보를 수집했고 이를 바탕으로 전략과 전술을 짰다. 치밀한 정보 수집을 바탕으로 전투에 임했기 때문에 23전 23승의 승리를 거둘 수 있었다.

다양한 방법으로 정보를 수집해 전술에 활용하는 것은 필승을 위해 대단히 중요하다. 하지만 군 지휘관들이 모두 이렇게 전략을 짜는 건 아니다. 탄금대 전투를 살펴보자.

임진년 4월 부산에 상륙한 왜군은 빠르게 북상했다. 왜의 1군 장수 고니시 유키나가(소서행장(小西行長))가 이끄는 군대는 상주를 공략하고 이어 경북 문경의 조령(鳥嶺)으로 향했다. 조령(鳥嶺)이란 새도 쉬어 넘는 고개라는 뜻인데, 이곳은 조선 국왕이 있는 한양으로 향하기 위해서는 반드시 거쳐야 한다. 문경새재라고도 불렸는데, 대단히 험하고 가파른 고개이다. 문경새재에서 충주로 이어지는 지역은 수도 한양을 방어할 수 있는 매우 중요한 요충지였다.

왜군이 이곳을 향하고 있다고 하자, 조선 조정은 신립을 삼도순변사(경상, 전라, 충청 세 도의 군대를 총괄하는 사령관)로 삼아 충주로 내려보냈다. 신립은 조정과 백성들로부터 명장(名將)으로 칭송받던 장수였다.

신립의 부하장수인 김여물은 조령의 험준한 지형을 이용해 적을 막아야 한다고 진언했다. 하지만 신립은 귀담아듣지 않았다. 그 이유는 조선의 군사들이 나이가 많고 훈련되지 않은 군사들이 많아서 이럴 때는 정신력이 중요하다는 것이다. 그래서 충주 탄금대(남한강 강변)에 진을 친다. 등 뒤에 강을 두고 군사들이 도망할 수 없도록 한, 이른바 배수진(背水陣)이다. 신립은 자신이 믿고 있었던 기병을 통해 돌격전으로 적을 공격할 생각을 하고 있기도 했다. 안타깝게도 신립은 왜의 조총부대의 위력을 잘 몰랐다. 왜군이 조총을 사용한다는 사실은 알았지만 대수롭지 않게 여겼다.

신립의 전술은 실패로 끝났다. 탄금대 전투에서 조선의 8천 군사들은 전멸했고, 끝까지 싸우던 신립은 부하장수 김여물과 함께 강에 투신해 죽음을 맞는다(신립이 이끈 조선군의 숫자는 기록마다 다르지만 여기서는 징비록의 기록을 따랐다). 신립의 패배를 기점으로 선조는 한양을 버리고 피난을 가기로 결심한다.

왜군의 수가 많았고 전력 차도 있었기 때문에 조선 육군에게는 대단히 불리한 전투였다. 하지만 신립이 부하장수의 말을 귀담아듣고, 군사들의 정신력보다는 정확한 첩보를 바탕으로 지리적 이점을 활용한 전술을 사용했다면 어땠을까 하는 아쉬움은 남는다. 좋은 정보를 얻었다고 해도 그것을 활용해야겠다는 열린 마음이 없다면 무용지물이다. 죽을힘을 다해 싸운 용맹한 장수였지만, 어쩌면 그는 자신의 실력과 판단을 너무 과신했던 건 아니었을까.

리더가 오로지 자신이 가진 패만 바라보고 상대방의 패에는 관심이 없다면 결코 승리할 수 없다. 치밀한 정보 수집이야말로 지피지기(知彼知己)의 시작이다.

한산해전 승리의 비밀, 정보 수집

이순신 장군은 메모광이었다. 본인이 보고 들은 정보, 매일의 날씨까지 꼼꼼하게 기록하고 이를 전술을 수립하는 데 활용했다. 이런 그의 습관으로 탄생한 것이 바로 난중일기다. 적는 자가 살아남는다는 '적자생존'이라는 신조어처럼, 기록의 중요성은 아무리 강조해도 지나치지 않는다.

독일 속담에 '날카로운 기억력보다 뭉뚝한 연필 한 자루가 낫다.'는 말이 있다. 문명이 발전하면서 기억해야 할 정보가 많아졌지만, 잊히는 것도 많아졌다. 기록은 이를 돌아보게 하고 정렬시킨다. 기업엔 기록이 쌓여 빅데이터가 되고 그 데이터가 정보로 가공돼 엄청난 부가가치를 낳는 시대가 됐다. 스마트한 시대를 살아가고 있는 우리에게 400년을 앞선 장군의 기록 정신을 배울 필요가 있다.

장군이 정보를 수집하고 꼼꼼하게 기록하여 전술에 활용하는 습관은 23승을 견인하는 견인차가 되었다. 임진왜란 3대 대첩(한산도대첩, 진주대첩, 행주대첩) 중 하나로 꼽히는 한산도대첩 즈음에 있었던 일을 소개하겠다. 1592년 7월 6일 새벽, 전라우수사 이억기의 함대와 연합한 전라좌수사 이순신함대는 좌수영에서 출발해 노량에서 경상우수사 원균의 함대와 합류해서 진주로 이동했다. 이후 경남 고성의 당포에 도착해 정박한 이순신에게 뜻밖의 손님이 찾아왔다.

"장군. 저는 미륵도에 사는 목동 김천손이라 하옵니다."

"그래 어쩐 일인가?"

"오늘 왜군이 견내량(거제와 고성의 경계로 지금의 거제대교 부근)으로 이동해 정박하는 것을 봤습니다."

"그래? 몇 척이나 되는가?"

“큰 배도 있고 작은 배도 있었는데 합쳐서 70척 정도 됐습니다.”

“아주 중요한 사실이네만, 자네는 어떻게 알게 되었는가?”

“예, 장군. 왜놈들이 우리 마을로 오기 전에 가족들을 데리고 미륵산으로 피난을 가서 지내고 있었는데, 오늘 산꼭대기서 내려다보니 왜놈들이 견내량에 들어오는 게 아니겠습니까. 근데 잠시 후에 반대편으로 우리 조선함대가 들어오기에 얼른 장군에게 온 것입니다.”

“아주 중요한 정보를 가져왔네. 수고했네.”

정찰 비행기도 없고 레이더도 없던 시대에 적의 위치와 병력의 규모를 안다는 것은 엄청난 행운이었다. 견내량은 폭이 좁고 암초가 많아서 전투를 벌이기엔 적합하지 않았다. 장군은 왜군을 한산도 앞바다로 유인해 함포사격의 이점을 최대화할 수 있는 학익진으로 적을 섬멸하겠다는 전술을 세웠다. 그 결과 한산도대첩이라는 역사에 길이 남을 대승을 일구어냈다.

목동 김천손의 정보는 단순히 하늘이 도와준 행운이었을까? 그렇지 않다. 장군은 임진왜란 동안 적의 동태를 파악하기 위한 정보 수집에 많은 노력을 기울였다. 조선 수군을 위해 정보를 제공하는 자는 누구를 막론하고 포상을 했다. 그리하여 주변 마을의 백성들이 적극적으로 정보전달에 참여했고, 그 보상으로 쌀과 곡식 등을 받았다.

장군이 거제도와 고성 등에 정찰부대를 보내 적의 동향을 파악했다는 기록이 있는 것을 보아 정기적으로 정찰활동을 통해 정보를 수집했음을 알 수 있다. 그뿐만 아니라 포로로 잡은 왜의 병사를 심문

하거나, 왜군에 잡혀갔다 풀려난 조선군과 민간인에게서도 정보를 수집했다. 장군은 정보 수집을 통해 좋은 전술을 세우려고 했던 리더였다.

장군은 두 번째 백의종군으로 군 지휘관에서 물러나 있을 때도 주변 사람들과의 끊임없는 소통으로 정보를 수집하고 흐름을 파악했다. 그동안 장군은 주로 순천과 구례, 합천의 초계에 머물렀는데 날마다 많은 손님이 장군을 찾아왔다. 제찰사(5도(道)에 1명씩 파견돼 순찰하면서 지방관을 감찰하는 것이 주된 직무)와 도원수(고려, 조선 때 전쟁을 총괄하는 임시 관직)처럼 높은 직급의 사람들뿐만 아니라 옛 부하나 지방의 관리들도 장군을 찾아 대화를 나누곤 했다. 난중일기에 "오늘은 아무도 찾아온 이가 없다."고 기록할 정도로 그는 많은 사람과 소통했다.

또한 장군은 편지를 통해서도 끊임없이 정보를 주고받았다. 백의종군 중인 정유년 6월 11일에 장군은 14통의 편지를 썼는데 그 명단이 일기에 꼼꼼하게 기록돼 있다. 충청수사 최호, 전라우수사 이억기, 경상우수사 배설, 가리포첨사 이응표, 녹도만호 송여종, 여도만호 김인영, 사도첨사 황세득, 조방장 김완, 거제현령 안위, 영등포만호 조계종, 남해현감 박대남, 하동현감 신진, 순천부사 우치적, 옛 흥양현감 배흥립 등과 서신을 주고받으며 수군의 현재 상황과 왜군의 움직임 등을 상세히 파악했다. 장군이 칠천량해전의 패전소식을 이틀만에 들은 것을 보면 상당히 이른 시일 안에 정보를 획득했음을 알 수 있다. 많은 사람과 끊임없이 교류했기 때문에 가능했을 것이다.

장군은 정보 수집을 토대로 전략과 전술을 세우고 부하장수들과 상세히 공유했다. 이순신의 부하장수들은 사전에 전략의 모든 흐름을 파악했기 때문에 전투에 임해서 자신의 임무에 최선을 다해 집중할 수 있었다.

임진왜란 당시 육전에서는 이와 같은 정보수집 활동이 미비했고 부족해서 예상치 못한 기습과 급습을 받아 고전을 면치 못했는데, 치밀한 정보수집 활동을 근간으로 전쟁의 주도권을 가진 조선 수군은 육전과는 반대로 연전연승할 수 있었다.

빅데이터로 온라인 쇼핑의 주도권을 쥔 아마존

디지털 환경에서 생산되는 데이터로 영상, 이미지, 문자, 숫자 등의 정보를 빅데이터라고 한다. 많은 기업이 비즈니스 전략과 신규 시장 진출계획 등을 세울 때 빅데이터를 활용하고 있다.

빅데이터를 이용해 혁신적인 서비스를 내놓으며 시장의 주도권을 쥔 기업이 아마존이다. 과거 소비자의 구매 이력과 패턴을 파악해 소비자가 구매할 확률이 높은 상품을 예측해 소비자와 가장 가까운 물류센터로 배송, 보관한다. 이렇게 되면 소비자가 온라인 쇼핑에서 상품을 주문한 후 받을 때까지의 시간을 단축해서 소비자의 만족감을 높일 수 있다. 아울러 주문 후 배송까지 걸리는 시간에 대한 부담 때문에 오프라인 매장을 선호하는 소비자들을 온라인 쇼핑으로 유입시킬 수 있다. 이것이 아마존의 '예측 배송 시스템(Anticipatory Shipping)'이다.

이런 서비스가 어떻게 가능해졌을까? 고객의 기존 구매 내역과 반품 내역, 검색 내역과 장바구니 내역, 심지어는 마우스 커서가 특정 페이지에 머문 시간 등의 정보를 종합적으로 분석해 예측하는 빅데이터 처리기술이 발달했기 때문이다. 또한 빅데이터 처리기술을 바탕으로 고객의 소비패턴 분석을 통해 구매확률이 높은 상품을 추천하는 추천 시스템도 만들 수 있었다. 이 시스템으로 발생한 매출이 아마존 전체 매출의 35%를 차지했고, 이는 회사 성장의 일등공신이 됐다고 한다. 방대한 양의 고객 정보를 효과적으로 분석하고 활용한 결과이다. 아마존은 매년 20% 이상의 폭발적인 성장세를 보이며 세계 최고의 온라인 유통업체로 자리매김하고 있다.

아마존의 출발은 온라인에서 책을 파는 전자 상거래 기업이었다. 약 20년간 온라인서점을 운영하면서 다양한 소비자의 패턴과 취향에 대한 막대한 양의 데이터를 수집했고, 이를 근거로 평점 순, 리뷰 순, 뉴욕에서 잘 팔리는 순 등 소비자가 관심을 가질 만한 재미있고 신뢰할 수 있는 목록을 구성해 서비스했다. 아마존의 성공은 고객정보 빅데이터를 잘 활용하면 경쟁사보다 월등한 우위를 점할 수 있음을 증명하는 사례이다.

데이터가 승자와 패자를 가른다

IBM의 CEO 버지니아 로메티는 "앞으로 모든 산업에서 데이터가 승자와 패자를 가를 것이다."라고 말했다. 4차 산업혁명 시대라 불리는 현재, 양질의 데이터를 다량 확보하는 주체가 미래 시장의 주역이 될 것이라는 예측이 무게감 있게 들리는 이유다.

기업이 단지 빅데이터를 소유하고 있는 것만으로 성공하는 것은 아니다. 방대한 정보를 어떻게 분석하고 가공, 활용할 것인가가 중요하다. 모든 데이터는 나름대로 그만의 가치를 갖고 있지만, 데이터 속에 존재한 가치를 극대화하는 것이 빅데이터 처리의 핵심이다. 과거에도 데이터는 존재했지만 대부분 활용하지 못하고 폐기됐다. 그 안에 있는 의미 있는 정보를 들여다볼 혜안과 기술이 없었기 때문이다. 하지만 이제 정보의 분석과 가공, 활용할 수 있는 기술과 영역이 확대됐다. 사진이나 동영상 그리고 SNS에 남은 흔적 등을 데이터화해 이를 분석할 수 있는 기술이 개발되면서 이전에 사용치 못했던 데이터에서도 가치 있는 정보를 찾아낼 수 있게 되었다. 활용 가능한 데이터의 범위가 확대되었고, 데이터의 양도 폭발적으로 늘어가고 있다.

구글(Google)은 시간과 관계없이 데이터의 양이 많이 쌓일수록 사용자에게 제공할 수 있는 정보의 품질과 다양성이 향상된다는 것을 인터넷 검색 서비스를 통해 보여주고 있다. 세계 최대의 유료 동영상 서비스인 넷플릭스(Netflix)도 빅데이터를 이용한 추천기능 서비스가 성공

요인이라 말한다. 또한 넷플릭스는 하루 평균 3,000만 건에 달하는 동영상 재생 기록과 하루 평균 400만 건의 이용자 평가 등의 VOD 시청자들의 데이터를 분석해 만든 드라마 '하우스 오브 카드'가 대성공을 거두며 실적 부진의 고민에서 벗어났다.

빅데이터가 드라마의 성공 요인으로 분석한 내용은, 감독은 데이비드 핀처, 주연은 케빈 스페이시가 연기하면 성공한다는 것이었다. 시청자들이 이 두 사람의 작품을 검색해서 본다는 사실이 빅데이터 분석에서 나타났다.

구글의 수석 이코노미스트인 할 배리언은 "데이터를 얻는 능력, 즉 데이터를 이해하는 능력, 처리하는 능력, 가치를 뽑아내는 능력, 시각화하는 능력, 전달하는 능력이야말로 앞으로 10년간 엄청나게 중요한 능력이 될 것이다."라고 말한 바 있다.

400년 전과 현재는 정보를 이용하는 방식과 방법은 다르지만, 정보를 통해 경쟁우위를 확보한다는 점에서는 그 가치와 중요성은 변함없다. 조선 수군의 승리를 위해 끊임없이 정보를 수집하고 전략으로 가공한 리더 이순신. 치열한 경쟁 속에 주도권을 갖기 위한 해법으로 데이터 수집에 미래를 건 IT 공룡 기업들. 데이터가 4차 산업혁명의 중심인 만큼 우리의 기업들도 미래경쟁력 확보를 위해 데이터 수집 및 활용을 위한 연구가 필요하다.

10배나 많은 일본군을 상대로 정상적인 전략과 방법으로는 승리할 수 없었다.

이전에 없었던 '창의적인 발상'과

'혁신적인 도전'이야말로 절대 열세에 있는 조선을

구할 수 있는 유일한 방법이었다.

이순신은 그것을 알았다.

그리고 결국 목숨을 건 책임감으로 성과를 창출해냈다.

적국인 일본에서 더 존경받는 리더 이순신.

그의 리더십은 누구와도 비교할 수 없을 만큼 탁월했다.

죽음을 두려워했다면 도전은 없었을 것이다.

3장

이순신의 리더십 3

필사즉생
(必死卽生)

반드시 승리할 수 있는 계획을 죽기 살기로 세우다

학익진, 해전(海戰)의 패러다임을 바꾸다

이순신 하면 많은 이들이 필사즉생(必死卽生, 죽고자 하면 산다는 의미), 즉 장군이 죽음을 두려워하지 않았다는 것에 방점을 찍는다. 하지만 필사즉생이 좋은 리더십이라고 할 수 있을까? 목표를 이루기 위해서 죽음까지 각오해야 한다면, 너무 비장하지 않은가?

나는 필사즉생이란 말에서 죽음보다는 삶을 보았다. 적을 무찌르기 위해 죽어도 좋다는 게 아니라, 죽을힘을 다해서 적을 무찔러 다 함께 살아나자는 의미인 것이다. 나 하나가 아니라 공동체 구성원 모두의 삶에 대한 적극적이고 필사적인 애정, 이것이 필사즉생이다.

조선 수군을 폐하겠다는 선조의 명령에 장군은 "신에게는 아직 12척의 배가 남아 있습니다."로 답했다. 열 배가 넘는 적을 상대로 승리한 명량해전을 두고 사람들은 기적이라고 말한다. 그렇다. 기적이다. 하지만 그 속을 들여다보면 철저한 계산과 예측, 치밀한 사전준비, 치열한 심리전을 통해 거둔 승전이었다. 장군은 살아야겠다는 투지 하나만 갖고 무모하게 싸움을 벌이지 않았다. 조선 수군과 백성들을 살릴 방법을 죽기 살기로 연구했다. 과학적으로, 치열하게. 그러한 연구 결과로 나온 것이 학익진(鶴翼陣)이다.

이순신 장군이 해전에 활용한 학익진을 모르는 사람은 없다. 이름 그대로 학이 날개를 펼친 모양으로 진형(陣形)을 짜는 것으로, 적을 포위해 공격하기에 좋은 방법이다. 본래 학익진은 육지에서 전투를 벌일 때 쓰이는 진법 중 하나였다. 먼저 일렬로 진형을 취했다가 적을 맞닥뜨리면 가운데에 있는 군대가 뒤쪽으로 물러서고 좌우의 군대가 앞쪽으로 전진하면서 적을 둘러싸는데, 이때 학이 날개를 펼친 것처럼 반원형의 진형이 된다.

임진왜란 이전까지 해전의 모습은 멀리 적이 나타나면 적의 배를 향해 포와 화살을 쏘며 기세를 올리다가 배를 맞대고 넘어가 칼과 창으로 적과 싸우는 백병전(白兵戰)을 벌였다. 이것이 전 세계 모든 해전의 양상이었다. 그런데 이순신 장군은 일반적으로 육지 전투에서 사용되던 학익진을 해전에 도입했다. 이는 장군의 창조적 응용력이 대단히 뛰어났음을 알 수 있게 해준다.

많은 학자와 군사학 전문가들이 장군의 학익진을 칭송하는 이유는,

이것이 당시 조선 수군의 한계를 극복할 수 있는 전술이었기 때문이다. 조선 수군은 왜군과 비교하면 수적으로 명백히 열세이고 조총 때문에 전력상으로도 불리했기에 기존의 백병전 방식으로는 절대 승리할 수 없었다. 장군은 아군과 적군의 상황을 냉정하게 파악하고 그에 맞는 과학적인 전술을 연구했다. 그래서 적을 맞닥뜨려 총, 칼로 싸우는 백병전보다 적과 거리를 둔 상태에서 포위해서 공격할 방법을 찾았다. 학익진, 거북선은 이러한 전략전술의 일환이었다.

장군의 전략전술을 뒷받침해주는 또 하나의 공격 무기가 있다. 바로 화포다. 포구에 포탄을 장착한 후 심지에 인화해서 발사하는 화포는 조선 수군의 원거리 공격을 더 효과적으로 만들어주는 무기였다. 당시 조선은 여러 종류의 화포를 보유하고 있었는데 포의 크기, 화약의 무게, 사정거리 등에 따라 구분된다.

그중 하나인 천자총통의 경우 대장군전(길이 약 2~3m, 지름 약 15cm의 크기에 앞쪽에는 쇠 촉으로 만들어진 대형 화살 모양)을 장착해서 발사하면 약 1km까지 날아가 적선을 관통했다고 한다. 적을 두려움에 떨게 했던 무기로 쇠로 만든 탄환인 조란환(새알 모양이라고 해서 붙은 이름. 영화 '명량'에서 마지막 전투에 적선과 배를 붙여놓고 발사한 무기가 조란환이다)도 있다. 조란환을 총통에 수백 개씩 장착, 발사하면 한 번에 많은 적을 살상할 수 있었다.

함포 공격의 정확성을 높이기 위해 조선 시대의 수학책이라고 볼 수 있는 〈구일집〉에는 거리측량에 관한 내용이 있는데, 바다에서 섬을 바라보면서 거리와 높이를 계산하는 방법인 '망해도술'을 이용한 것으로 보인다.

자, 그럼 학익진과 화포를 활용해 조선 수군과 왜군이 싸우는 모습을 잠깐 상상해보자. 왜 수군의 배 100척이 4열 종대로 오고 있을 때 조선 수군은 1열 횡대로 10척을 배치하고 기다린다. 적군이 점점 가까이 접근하면 조선 수군 10척 중 중앙에 위치하던 배들이 뒤쪽으로 물러서면서 좌우의 배들이 앞쪽으로 전진한다. 그러면서 포를 쏜다. 4열 종대로 진격하는 왜군은 앞쪽의 4척에서 포를 발포한다. 왜군의 배에는 대개 2문 정도의 포가 배 앞쪽에 장착돼 있다. 따라서 4척의 배에서 쏘아대는 화포는 총 8발이다. 이에 반해 조선 수군의 배에는 한 척당 적어도 좌, 우 6개씩의 화포가 장착돼 있다. 10대에서 함께 발포한 화포는 60발이다.

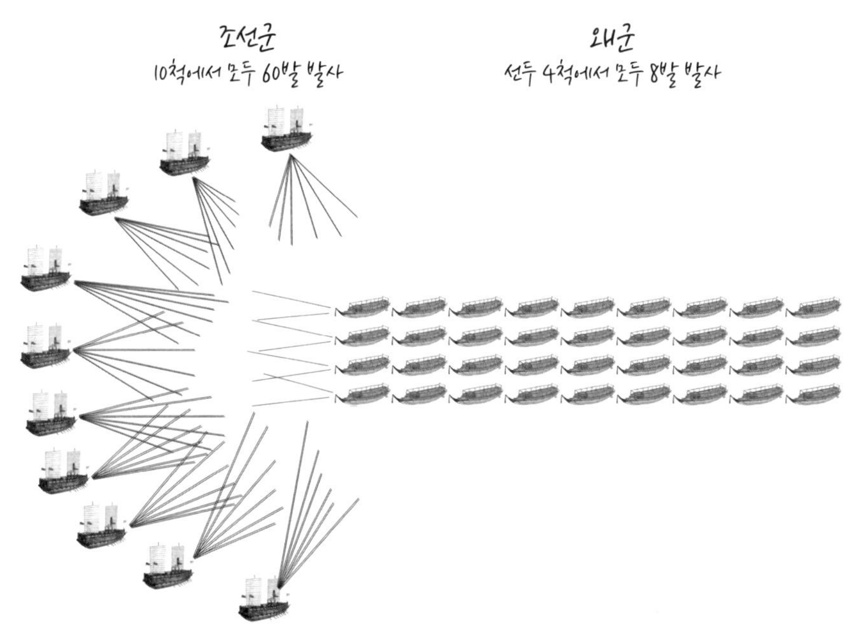

▲ 조선 수군과 왜군의 화포 공격 모습

처음 전투가 시작될 때는 100 : 10의 열세였지만, 학익진을 형성하는 순간 서로를 공격할 수 있는 배가 4 : 10으로 바뀌었고, 하포를 발사할 때 8 : 60으로 전세가 완전히 역전된다. 명량해전, 임진왜란 3대 대첩 중 하나인 한산도대첩 모두 장군이 주변의 지형과 학익진, 화포를 활용해 승리를 거둔 것이다.

앞서 2장에서도 설명한 것처럼 조선 수군의 판옥선도 장군의 전략 전술에 유리한 배였다. 판옥선은 속도가 빠르진 않았지만, 좌, 우의 노를 이용해 배를 회전시킬 수 있었기 때문에 화포 공격의 효율성을 높일 수 있었다. 보통 화포를 발포하고 나면 포구에 남아 있는 찌꺼기를 제거하고 난 후, 화약을 장착한 후 포탄을 넣고, 불을 붙이는 긴 시간의 공정이 필요했다. 왜군은 한 번 화포를 쏘고 나면 다음 포를 쏠 때까지 일정 시간이 걸렸다. 반면에 조선 수군은 포를 발포하고 나면 바로 배를 회전시켜 반대쪽에 준비된 화포를 발사할 수 있었으므로 실제로는 왜군보다 더 많은 함포 공격을 집중할 수 있었다.

이순신 장군은 상황에 맞게 여러 진법을 이용하면서, 조선 수군이 가진 자원을 최대한 이용하고 전쟁에서 우위를 점할 수 있었다. 사실, 학익진이 완벽한 진법은 아니었다. 육지에서 전투할 때에는 군사들의 방향전환이 쉽지만, 해전에서는 배의 방향을 바꾸는 것이라 진형을 빠르게 전환하는 게 쉬운 일이 아니다. 만약 적군이 선봉 부대를 희생시키고서라도 돌파하려고 밀고 들어온다면 학익진의 포위 진형이 깨어지고 아군이 위험한 지경에 빠질 수 있다. 즉, 학익진이 성공하기 위해서는 빠른 방향전환이 가능한 배, 빠른 공격으로 적에게 큰 타격을 줄 수 있는 무기가 있어야 한다. 장군은 판옥선, 화포의 장점을 가지고 학익진의 약점을 극복하고 효과적인 전술로 활용했다. 장군의 승리는 자신이 소유한 자원을 최대한 활용할 수 있었던 지혜롭고 창의적인 능력 덕분이었다.

시대가 원하는 인재상, 창의적인 도전가

얼마 전 A 제약 대표이사로부터 저녁 식사 초대를 받았다. 그 자리엔 대표뿐만 아니라 몇몇 임원들도 함께했는데, 식사를 하며 직원들의 사기를 높이기 위해 어떻게 하면 좋을까 라는 얘기가 오가고 있었다.

이야기가 한참 진행되던 중 대표가 인사담당 임원에게 웃으면서 한마디를 했다.

"좀 게으르더라도 톡톡 튀는 애들은(창의적인 직원들은) 좀 봐줘요!"

모두가 껄껄댔지만 그 얘기의 참뜻을 모두 알아들은 듯했다. 변화가 빠른 시대에 고정관념을 벗어나 좀 더 창의적인 생각을 할 수 있도록 직원들을 독려하고, 창의적인 직원들을 더 배려해주고 인정해줘야 한다는 뜻이 담겨있는 얘기였다. 대표이사는 나에게도 이런 질문을 던졌다.

"요즘 다른 기업들 분위기는 어떤가요?"

많은 기업이 어떤 커리큘럼의 교육에 관심을 두는지를 물어본 것이다. 2010년을 넘어서면서부터 기업들이 창의적 사고와 창조적 인재 양성을 위한 교육 프로그램을 많이 구성하고 있다. 현대의 조직은 왜 창의적인 인재를 찾는 것일까?

현대 사회는 변화가 빠르다. 그런 만큼 돌발변수도 많아서 기업 환경이 예측대로 움직여지지 않는 경우가 많이 발생한다. 그런 예상치 못한 상황에서 창의적 인재들의 독특한 발상은 기업의 미래경쟁력을 갖추는 데 중요한 역할을 한다.

세계적인 다국적 기업 3M의 연구원이었던 스펜서 실버는 강력 접착제를 연구하다가 실패했다. 그가 만든 건 접착력이 약하고 끈적거리지 않는 접착제였다. 실패의 결과물이었지만 그는 이것을 회사 기술 세미나에 보고했다. 이 이상한 발명품을 눈여겨 본 사람은 같은 회사 연구원이었던 아서 프라이였다. 프라이는 실버의 이상한 발명품을 활용해서 붙였다가 쉽게 뗄 수 있는 서표(書標, 읽던 책 페이지에 표시를 해두기 위해 끼우는 종이)를 만들면 좋겠다고 생각했다. 마침 3M에는 직원들의 창의성을 키워주기 위한 제도(개인의 연구를 위해 근무시간의 15%를 투자하도록 허용한 제도로, 15% 룰이라고 부른다)가 있었다. 프라이는 이 제도를 활용해서 실험을 거듭했고 마침내 포스트잇을 만들어냈다.

포스트잇의 탄생 배경에는 실패를 실패로만 보지 않았던 실버의 노력, 좋은 발상을 더욱 연구 발전시켜서 상품으로 만들어낼 줄 알았던 프라이의 독특한 발상, 직원의 창의적 연구를 격려한 회사의 제도가 있었다. 이처럼 조직이 경쟁력을 갖기 위해서는 창의적인 인재들과 그들이 충분히 능력을 발휘할 수 있도록 배려하는 리더의 마인드가 필요하다.

이순신 장군을 통해서도 알 수 있듯이, 창의성이라는 건 완전히 새로운 것을 만들어내는 것만이 아니다. 기존의 지식과 경험을 토대로 분해와 재결합을 통해 새로운 해결책을 구하는 것이다. 앞서 소개한 사례와 같이 인류 역사상 길이 남는 창조적 발상의 경우 경쟁자 혹은 기존 시장의 장단점, 혹은 소비자의 욕구를 철저히 분석하고 관련 지식을 공부한 다음, 이를 바탕으로 장점을 극대화한 끝에 탄생했다.

창조적 응용력의 핵심,
경쟁자의 약점을 파고들어라

항공기 저가 전략의 원조인 사우스웨스트(Southwest Airlines) 항공사는 고가격 중심의 항공서비스 시장을 저가로 변환하는 패러다임의 전환으로 새로운 시장을 만들었다. 고정관념에서 벗어난 새로운 시도와 파격적인 운영이 위험해 보였지만, 미국에서 시작된 서가항공 서비스가 유럽으로 확대됐고, 뒤이어 한국에서도 완전히 자리를 잡았다. 대형항공사의 약점을 철저히 파악해 공략했기 때문에 저가항공사가 성공적으로 자리매김할 수 있었다.

사우스웨스트의 전략은 무엇보다 항공기를 운항하는 데 들어가는 비용을 절감했다는 것이다. 그래야 가격을 낮출 수 있기 때문이다. 사우스웨스트는 항공기 기종을 통일해 항공기 정비와 유지·관리 비용을 줄였다. 다양한 기종을 운항하는 항공사는 기종마다 부품을 모두 구매, 보유하고 있어야 하며, 기종마다 특화된 전문 정비인력을 확보해야 한다. 조종사와 승무원의 훈련비용도 기종에 따라 차이가 있을 것이다. 사우스웨스트는 단일 기종으로 통일했기 때문에 이러한 비용을 획기적으로 절약할 수 있었다.

두 번째로 기존의 항공사 서비스 중 불필요하다고 생각되는 것들을 없앴다. 대개 서비스가 줄어들면 고객이 싫어한다. 고객이 떠나면 회사의 매출도 줄어든다. 하지만 저가 항공사의 경우는 반대였다. 서비스를 줄이고 가격을 낮추니 고객이 날이 갈수록 증가했다. 어떻게 이럴 수 있었을까? 고객들의 의식이 변했기 때문이다. 사우스웨스트 항공사는 이 점을 정확하게 캐치해냈다.

과거에는 비행기를 타고 여행하는 건 무척 특별한 일이었다. 아무나 할 수 있는 것도 아니었기 때문에 가격이 비싼 건 당연한 일이었다. 특별한 사람들이 주로 이용하던 시절 항공사의 마케팅은 고급화 전략에 초점을 맞추었다. 하지만 항공여행은 대중화되기 시작했다. 좀 더 많은 사람이 더 자주 비행기를 이용하게 되면서 고객들은 조금 더 저렴한 항공료를 기대하게 됐다. 사우스웨스트는 고객들의 생각을 반영해 본질적 서비스와 부가서비스를 분리했다. 즉 목적지에 데려다주는 본질적 서비스 외에 밥이나 음료와 같은 부가서비스는 고객에게 선택권을 준 것이다. 고객들은 본질적 서비스의 가격이 저렴하니 부가서비스는 필요하다면 돈을 지불해도 상관없다고 생각했다.

그 밖에 항공권을 고급스러운 티켓 형태에서 흔히 마트에서 발행하는 영수증 같은 저렴한 항공권으로 발행해서 비용을 줄였고, 특가 프로모션을 통해 비수기 평일의 빈 좌석을 채우는 전략을 쓰면서 신규고객을 확보하는 마케팅을 시도했다. 고객들의 반응은 매우 좋았다. 시장이 포화상태임에도 저가항공사가 선전하는 이유는 시대의 흐름을 읽어 기존항공사가 할 수 없는 서비스를 시도해 또 하나의 시장을 만들었기 때문이다.

이처럼 경쟁자의 약점을 집중적으로 파고들어 이를 보완해낸다면 놀라운 경쟁력을 갖출 수 있다. 이케아는 세계 가구업계에서 골리앗으로 불린다. 세계 시장에서 막강한 우위를 점하고 있다. 이 골리앗이 한국에 진출하면서 국내 가구업체들 사이에서는 위기감이 팽배했고 주식 상장사들의 주식도 일부 하락하는 등 영향을 받았다.

하지만 걱정과는 달리 국내 주요 가구업체들은 더 성장했다. 일부에선 '메기 효과'가 아니냐고 하기도 한다. 메기 효과란 말은 한 어부의 비법에서 유래했다. 노르웨이의 어느 어부는 정어리를 잡으면 물에 메기를 함께 넣어두었다. 다른 어부들이 잡은 정어리는 항구에 도착하기 전에 대부분 죽는 반면에 그가 잡은 정어리들은 살았다. 수족관 속 정어리들이 메기에게 잡혀먹히지 않기 위해서 부지런히 헤엄을 치며 도망 다녔기 때문이다. 이처럼 강한 경쟁자가 등장하면 약체들이 생존을 위해 부지런히 움직여서 전체 시장이 더 활성화되기도 한다.

국내 가구업계를 대표하는 한샘은 2015년 매출이 전년 대비 29%나 성장하는 큰 도약을 이뤘다. 무엇 때문일까? 이케아의 한국 진출과 함께 한샘을 비롯한 국내 가구업계는 "골리앗도 약점은 있다"는 전략적 기준을 세웠다. 그래서 이케아라는 골리앗의 약점을 파악해 그것을 자신들의 강점으로 만들기 위해 노력했다. 배울 것은 배우겠지만, 그들이 갖지 못한 것들에 집중해 자신의 장점으로 만들겠다고 판단한 것인데, 이것은 매우 좋은 전략이었다.

이케아의 가장 큰 강점은 저렴한 가격과 다양한 제품이다. 반면 약점은 고객이 매장에서 구매한 제품을 집까지 직접 운반해야 하며, 설치, 조립도 고객이 직접 해야 한다는 것이다. 이에 국내 업체들은 배달과 설치까지 고객의 편의를 최대한 지켜주는 전략으로 맞섰다. 물론 설치가 매우 중요한 서비스임을 강조하면서 말이다.

또한 이케아의 대형매장이 외곽지역에 위치할 수밖에 없는 약점에 대응해 한샘은 고객이 쉽게 방문할 수 있도록 도심에 매장을 열어 접근성을 높이는 전략으로 대응했다. 한샘의 최양하 회장은 기자들과의 인터뷰에서 이케아가 강점만큼 약점도 많으니 약점을 공략하면서 대응하고 있다고 설명했다. 또한 이케아가 가구뿐만 아니라 생활소품까지 다양한 고객의 기호에 맞춰 상품들을 내놓는 종합서비스로 고객의 발길을 유도한다는 것을 벤치마킹하며, 한샘도 생활소품 발굴에 집중했다고 했다. 한샘이 골리앗에 패하지 않고 한국을 대표하는 가구회사로 자리매김한 것은, 하늘에서 떨어진 행운이 아니라 철저한 전략이 있었기에 가능했다.

강점 강화 약점 보완

누구나 이순신 장군이나 앞서 소개한 기업들처럼 성공하고 싶을 것이다. 그렇다면 강점과 약점을 어떻게 관리해야 하는지 생각해볼 필요가 있다.

나는 매년 2,000명이 넘는 대기업의 신입사원들을 강의장에서 만난다. 그들에게 강점 강화에 많은 시간을 할애할 것인지, 약점 보완에 시간을 할애할 것인지 질문한다. 대답은 각양각색이지만 결론만 이야기하면 잘 모르겠단다.

1. 강점 강화
2. 새로운 것을 배움
3. 약점 보완

위의 세 가지 중 당신은 어디에 얼마만큼의 시간을 투자할 것인가? 어떻게 해야 효과적일지 당신도 한번 생각해보라.

이 질문에 정답이 있는 건 아니다. 그러나 미국의 리더십 전문가이며 목회자인 존 맥스웰(John Maxwell)의 조사 결과를 통해 자신에게도 알맞은 답을 만들어보기 바란다. 존 맥스웰은 미국의 정계, 재계, 교계의 영향력 있는 리더 1,000여 명을 대상으로 그들이 어떻게 시간을 사용하는지를 조사했다. 그들은 자기 시간의 약 75%를 자신의 강점을 극대화하는 데 사용했고, 새로운 것을 익히는 데 20%, 약점을 보완하는 데 5%의 시간을 할애했다고 한다.

✓강점 강화 : 경쟁이 치열한 사회이므로 성과를 내기 위해 강점 강화에 75%를 사용한 것이다. 성공은 재능에 달려 있는 것이 아니라 그 재능을 갖고 무엇을 하느냐가 더 중요하다. 바로 자신의 핵심역량과 전문성에 집중하라는 얘기이다.

세계적인 여론조사 기관인 갤럽이 25년간 세계적으로 유능한 8만 명의 관리자들이 직원들을 어떻게 리드했는지를 조사한 결과, 평범한 리더와 탁월한 리더의 모습이 상반된 모습으로 나타났다고 한다.

먼저 평범한 리더는 직원들에게 "열심히 노력하면 누구든지 해낼 수 있어.", "부족한 부분을 채울 수 있도록 기술과 능력을 배워야 해!" 등의 방식으로 강하게 밀어붙이며 의욕을 보였다고 한다.

하지만 탁월한 리더들은 '사람은 크게 바뀌지 않는다.'라는 본질적인 생각에서부터 출발해 "없는 것을 갖추느라 소모하지 말라.", "이미 가지고 있는 것을 끌어내라.", "그것으로 충분하다."라며 팀원들을 이끌었다고 한다. 성과를 내고 인정받는 리더들은 보통의 평범한 리더들과 다른 생각을 갖고 있음을 알 수 있다.

✓새로운 것을 배움 : 변화가 빠른 세상이기에 새로운 것을 익히는 데 20%의 시간을 투자한 것이다. 자신을 의도적으로 다름과 새로움에 노출시키는 것은 창의적 사고를 갖는 지름길이다. 새로운 것을 받

아들이는 훈련이 돼 있지 않으면 새로운 것을 봐도 새롭게 느끼지 못한다. 미국의 경영 컨설턴트인 톰 피터스는 비행기를 탈 때면 자동차, 미용, 요가, 인테리어 등등 자신이 전혀 알지 못하는 영역의 잡지들을 한가득 들고 탄다고 한다. 바쁜 일정 속에서도 짬짬이 시간을 내어 자신을 새로운 것에 노출시키며 영감을 얻는다고 한다. 새로운 것을 받아들여서 응용해 자신의 일에 활용할 줄 안다면 성공하고자 하는 이들에게는 좋은 무기가 될 것이다.

✓약점 보완 : 약점을 보완하는 데 달랑 5%의 시간만을 쓴다는 것에 대해 의아해하는 사람들이 있을 것이다. 하지만 성공에 있어서 약점은 그다지 큰 영향을 미치지 못한다. 약점이 없어서가 아니라 강점이 있어서 성공하는 것이다. 사람들이 장미를 좋아하는 이유는 가시가 있더라도 화려하고 강렬한 색깔과 매혹적인 자태를 갖고 있기 때문이다.

앞서 평범한 리더들과 탁월한 리더들의 모습을 떠올려보라. 못하는 것에 집중한다고 금방 향상되는 것도 아니다. 긴 시간 동안 갈고 닦는다면 상황이 달라질 수는 있겠지만, 시간이 기다려주진 않는다. 약점을 보완하겠다고 기를 쓰는 것보다 강점에 집중하는 게 낫다. 때로는 주변에 나보다 이 일을 더 잘해 줄 수 있는 동료, 전문가에게 맡기는 게 나을 수 있다. 그들을 활용한다면 지금의 내 능력이 100%를 훌쩍 넘을 수 있지 않겠는가. 사람의 시간은 유한하고, 모든 상황이 내 뜻대로 움직이는 것도 아니다. 그렇기에 못하는 것을 보완하는 것보다 잘하는 것에 집중하는 것이 유리하다는 것을 잊지 말아야 한다.

이순신 장군은 그때까지 전혀 없었던 새로운 것을 창안하지 않았다. 이미 조선이 갖고 있었던 판옥선, 화포, 거북선의 장점을 최대한 살렸다. 전력상으로 여러모로 불리한 조선 수군의 약점에 매몰되지 않았으며, 수적 우세를 믿고 밀고 들어오는 적의 약점을 파고들어 학익진으로 공격했다. 학익진은 판옥선, 화포 등과 결합하면서 조선 수군을 승리로 이끈 대단히 훌륭한 전술이 되었다.

좋은 리더가 되고 싶은가? 그렇다면 자신의 약점에 발이 묶이지 마라. 상대의 약점을 연구하고 다방면으로 지식을 탐구해 자신의 강점으로 만들어라. 그렇게 할 수 있다면 당신은 자신의 인생뿐 아니라 공동체도 살릴 수 있는 힘을 갖게 될 것이다.

절절한 피눈물을 안으로 삼키다

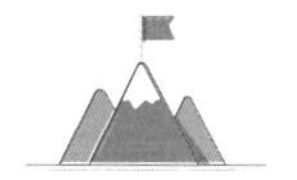

가족의 죽음과 파직, 반복되는 불행

장군의 일생에서 1597년 정유년은 참으로 고통스럽고 힘겨운 한 해였을 것이다. 파직돼 두 번째 백의종군 길에 오르고, 피땀 흘려 일군 함대를 잃었으며, 사랑하는 어머니와 아들을 잃었다. 인생사가 다 그렇다지만 불행이 몰려다닐 때가 있다.

1597년 2월 선조는 이순신 장군을 파직시킨다. 수많은 전투를 승리로 이끌었고 전선(戰船)의 확보와 전투 장비의 최적화를 통해 조선 수군을 훌륭하게 재탄생시킨 장본인인데 말이다. 장군은 왕명을 거역한 죄로 한양으로 압송돼 옥에 갇혔다가 경남 합천에 주둔한 도원수 권율 휘하에서 백의종군하라는 명을 받았다. 이에 남쪽으로 내려가던 중 어머니의 부음 소식을 듣는다. 옥에 갇힌 아들을 만나고자 팔순의 노모가 배를 타고 상경하다 그만 돌아가신 것이다. 효성이 지극한 장군에겐 하늘이 무너지는 듯한 소식이었다.

하지만 나라가 풍전등화의 위기에 빠져있어 슬픔에만 빠져있을 여유가 없었다. 칠천량해전의 대패는 장군의 발걸음을 더 재촉했다. 선조로부터 이름뿐인 삼도수군통제사로 복직하라는 명을 받은 후 장군은 수군을 재건하는 데 온 힘을 쏟았다(이 시기에 장군에게 있었던 일에 대해서는 바로 뒤의 '두 번의 백의종군, 공동체를 위해 자신을 내려놓다'에서 좀 더 자세히 살펴보기로 한다).

1597년 9월 16일 명량해전에서 승리한 후 장군은 조선 수군이 겨울을 보낼 수 있는 장소를 찾기 위해 움직였다. 전라우수영인 해남은 북서풍을 피하기 어려워 월동장소로는 적절치 않았기 때문이다. 그러던 중 10월 14일 하늘이 무너지는 비보를 받았다.

총명하고 막내여서 더욱 애정을 가졌던 셋째아들 면이 전사했다는 소식이었다. 면은 고향인 아산에서 왜군과 전투 중에 전사했다. 불길한 소식을 예견했을까. 소식이 도착하는 날 새벽에 장군은 꿈을 꾸었다. 말이 발을 헛디뎌 낙마하는 자신을 아들 면이 끌어안는 꿈이었다. 불안하고 초조하게 하루를 보내고 그날 저녁 장군의 손에 아들의 죽음을 알리는 편지가 도착했다.

10월 14일 맑음

저녁에 천안에서 사람이 와 집안 편지를 전했다. 편지를 열어보기도 전에 온몸이 떨려왔다. 편지 겉봉에 '통곡'이라는 두 글자가 적혀 있어 막내아들 면의 죽음을 짐작했다.

간 쓸개가 타들어 가는 고통과 함께 소리 높여 통곡했다.

하늘은 어찌 이리도 무정한가. 내가 죽고 네가 사는 것이 옳거늘, 네가 죽고 내가 살았으니 이 어찌 된 일이냐. 천지가 깜깜하고 해도 빛을 잃었구나.

슬프다. 내 아들아. 나를 버리고 어디로 갔느냐! 남달리 총명한 너를 하늘이 시샘해 데려간 것이냐, 아니면 내가 지은 죄 때문에 그 화가 네 몸에 미친 것이냐. 내 이제 누구에게 의지할 것이냐. 목 놓아 서럽게 울부짖을 따름이다. 하룻밤이 1년 같구나.

-〈난중일기〉 정유년 10월 14일

사랑하는 아들의 죽음을 접한 아버지의 절절한 통곡이 난중일기에 남아 있다. 비보를 받은 지 이틀이 지난 10월 16일에 영내에 있는 강막지의 집에서 홀로 통곡했다고 기록돼 있고, 19일엔 고향에서 내려온 종을 만나 죽은 아들 생각에 통곡하다가 코피를 한 되나 흘렸다고 한다.

나라에 대한 충성심을 도무지 유지하기가 어렵고, 임무에 집중하기도 어려운 상황이었다. 장군은 피를 쏟으면서도 무너져 내리는 가슴을 부여잡았다. 고통에 사무치면서도 장군은 매일 일어나 적을 이기기 위한 전략전술을 세우는 데 집중했다. 흔들리지 않았다. 절절한 피눈물을 안으로 삼켰다. 나라와 민족을 살려야하는 절체절명의 과제가 있기 때문이다.

바람 앞에서도 꺼지지 않은 횃불이 될 수 있는가?

정말 대단한 리더십이다. 감탄하지 않을 수 없다. 반면에 오늘날 우리의 조직은 어떠한가? 리더가 어떠한 마음가짐으로 조직을 이끌고 있는가? 혹시 조금의 위기만 닥쳐도 바람 앞의 등불처럼 흔들려서 조직 전체를 불안하게 하고 있진 않는가?

리더는 어떤 순간에도 마음의 평정을 유지할 수 있는 대범함이 있어야 한다. 리더 한 사람이 흔들리면 조직 전체에 영향을 줄 뿐만 아니라 조직원들은 리더를 신뢰할 수 없게 된다. 그래서 리더는 조직과 구성원을 위해 어떤 예기치 못한 어려움이 닥쳐와도 중심을 잡는 무게감이 있어야 한다. 기업이나 조직이 어려운 위기를 만났을 때 리더의 역할이 매우 중요하다. 이를 잘 보여주는 사례 하나를 소개하겠다.

나의 선배 중에 해운회사를 경영하는 사람이 있다. 그 회사는 세계 여러 나라에 지사를 두고 비즈니스를 할 정도로 제법 규모가 있고 잘 나가는 곳이다. 지금의 위치에 오기까지 평탄하지만은 않았다. 몇 년 전 일이었다. 중국과의 비즈니스에서 직원 A와 B의 실수로 인해 거래처로부터 미화 400만 불(한화 약 45억 원)에 달하는 클레임을 받게 됐다. 만약 소송에서 진다면 회사에 엄청난 타격을 줄 수 있는 큰 규모였는데, 소송에서 이길지 낙관할 수 없는 상황이었다. 회사는 발칵 뒤집혔고, A와 B는 당황해서 어찌할 바를 몰랐다. 결국 두 사람은 사태의 책임을 지겠다며 사표를 제출했다. 사표를 받은 대표는 두 직원을 불렀다. 두 사람은 자신들의 실수로 회사가 위기에 빠진 점에 대해 진심으로 사과했다.

"정말 죄송합니다, 대표님."

"두 사람, 정말 많이 놀랐나 보군."

"면목이 없습니다. 죽고 싶은 심정입니다. 대표님."

"그 심정 이해하네. 하지만 지금은 사표를 낼 때가 아니라, 수습해야 할 때야. 이 상황에 대해서 가장 잘 아는 것도 두 사람이니, 회사를 위하는 마음으로 사태 수습에 힘을 보태주면 좋겠어."

대표는 두 사람에게 화를 내지 않았고, 일을 잘 해결해줄 것이라고 믿는다는 말도 덧붙였다. 직원들은 "우리 회사, 곧 부도나는 거 아냐?"라며 동요했다. 하지만 대표는 침착하고 냉정했고, 전문가들을 총동원해서 위기를 돌파할 방안을 찾는 데 노력했다. A와 B는 책임감을 갖고 사태를 수습하고 회사의 손해를 최소화하기 위해 동분서주했다. 워낙 큰 액수였기 때문에 일정 부분 타격이 불가피했지만, 회사가

문을 닫는 최악의 상황을 면할 수 있었다. 그리고 1년의 세월이 흐른 후 회사는 위기를 벗어나며 안정화됐다.

이후 그 회사는 어떻게 됐을까? A와 B는 누구보다 열심히 일하면서 회사의 사업을 성장시키는 데 이바지하고 있다. 승진도 했다. 그때의 실수를 거울로 삼아, 새로운 거래처를 만나고 계약을 할 때도 신중하고 면밀하게 살폈다. 당시 A와 B가 회사에서 나오게 되리라 예측했던 업계 관계자들은 두 사람이 승진했다는 사실을 접하고 놀라워했다.

이 회사가 엄청난 위기를 돌파할 수 있었던 것은 대표가 탁월한 리더십을 발휘했기 때문이다. 만약 사건이 터졌을 때 대표가 감정적으로 폭발하고 담당자에게 화를 내고 문책했다면 어떻게 됐을까. 이토록 감정적으로 흥분을 잘하는 사람이라면 위기에 잘 대처하지도 못했을 것이다.

의외로 많은 리더들이 예상치 못한 위기를 만났을 때(예상을 해도 마찬가지일지 모르지만) 흔들린다. 리더도 사람이니까 흔들릴 수 있다. 그러나 흔들려도 너무 흔들리는 경우가 있다. 일이 조금만 안 돼도, 매출이 조금만 낮아져도 불안해서 어쩔 줄 모른다. 바람이 살랑거리기만 해도 에취 하며 기침을 한다면, 폭풍우가 불 때는 어떻게 할 것인가.

늘 불안하다 보니 전문가들을 만날 때마다 조언을 청한다. 조언을 듣는 건 좋은 일이지만 뚜렷한 목표의식을 갖고 취사선택해야 하는데, 조언을 들을 때마다 방향이 이쪽저쪽으로 바뀐다. 그렇게 해서는 나의 미래도, 조직의 미래 계획도 세울 수 없다. 누구나 자신이 몸담고 있는(혹은 운영하는) 조직이 백 년 이상 지속되기를 원하면서, 정작 그렇게 될 수 있는 행동을 하는 사람은 많지 않은 듯하다.

이순신 장군은 자신에게 주어진 임무가 막중했기에, 자신이 흔들리면 자신을 의지하고 따르는 군사들과 백성들의 목숨이 위태로워진다는 사실을 알았기 때문에 마음을 다잡았다. 이처럼 리더는 어떤 경우에도 자신이 리더라는 사실을 잊지 말아야 한다. 위기가 닥칠수록 담대하게 대처해야 한다. 일희일비(一喜一悲)는 리더가 가장 배척해야 하는 마음 상태이다. 자신이 흔들리면 그 뒤를 따르는 사람들은 더 흔들린다. 리더가 흔들리고 구성원들도 흔들리면 그 조직은 유지될 수 없다.

훌륭한 리더는 훌륭한 팔로워를 만든다

이순신 장군이야말로 리더십이라는 말의 의미에 더할 나위 없이 부합하는 리더이다. 리더십(Leadership)은 리더(LEADER) + 배(SHIP)의 합성어로 '배를 이끌고 목적지에 도달하게 하는 능력'이라고 말할 수 있다.

만약 배에 리더가 없는 상태에서 암초나 풍랑을 만나면 어떻게 될까? 앞장서서 해결책을 내놓고 위기를 돌파하려고 지휘하는 사람이 없기 때문에 사람들은 우왕좌왕하게 될 것이다. 그러다가 배가 좌초된다면 배 안의 모든 구성원이 죽을 수도 있다. 리더십이 중요한 이유는 바로 이 때문이다.

그런데 리더십만으로 모든 위기를 극복할 수 있을까? 아니, 그렇지 않다. 선장이 항해를 성공적으로 마치기 위한 방법을 세운다면, 이것을 직접 실행시키는 것은 바로 선원들이다. 리더의 뜻에 동참하고 이를 실행하는 사람들, 우리는 이들을 팔로워(Follower)라고 부른다.

배를 목적지로 잘 이끌기 위해서는 선원들의 역할이 매우 중요하다. 선장이 아무리 탁월해도 조타수가 키를 놓고 졸고 있다면 배는 언제든 위험에 빠질 수 있다. 그래서 리더와 팔로워들과의 관계도 리더십의 중요한 한 부분으로 봐야 한다.

장군의 책임감 있는 리더십은 많은 군사와 백성의 신뢰를 얻었다. '명장 밑에 약졸 없다'는 옛말처럼, 장군 곁에도 좋은 부하들이 많았다(이순신 장군의 일생에서 주요 인물들은 4장에서 살펴본다).

장군은 의사결정을 혼자 하지 않고 참모들과 상의했으며 그들의 의견을 중시했다. 다양한 경로로 취득한 정보로 주변의 환경을 읽고 참모들의 의견을 경청해 최선의 방향을 정했다. 그리고 목표를 구성원들에게 공유하고 다 함께 노력할 수 있도록 격려했다. 그리하여 장군의 목표는 장수들의 목표가 됐으며, 병사들과 백성들의 목표가 됐다. 임진왜란에서 조선 수군의 활약이 돋보였던 이유는 이순신이라는 훌륭한 리더가 존재했기 때문이다. 리더라는 단어의 의미처럼, 리더는 팔로워를 잘 이끌어야 한다. 훌륭한 리더에게는 훌륭한 팔로워들이 따른다.

리더의 필수 자질로 책임감이 많이 강조되지만, 그에 못지않게 중요한 것이 있다. 바로 포용력이다. 이순신 장군에게 좋은 부하들이 많았던 이유는 강한 책임감과 엄격한 원리원칙 때문만은 아니다. 그것만 있다면 조금은 삭막한 인상을 받을 수도 있다. 장군은 부하장수부터 말단 병사, 신분이 낮은 노비까지도 따뜻한 인간미로 포용한 리더였다.

리더의 포용력을 보여주는 중국의 고사 하나를 소개하겠다. 사마천의 〈사기〉에 소개된 중국 춘추 시대 초나라의 장왕에 대한 이야기로, 내가 무척 좋아하고 실천해야겠다는 마음이 드는 사례다.

장왕은 반란을 평정하고 돌아와서 여러 신하를 불러 연회를 베풀었다. 그 자리에는 장왕의 애첩도 참석했다. 즐거운 연회가 이어지던 중 갑자기 큰바람이 불어 촛불들이 모두 꺼졌다. 그때 어떤 사람이 술김에 슬며시 애첩을 희롱했다. 그녀는 황급히 밀쳐내면서 그의 관모의 끈을 잡아끊었다. 그리고 왕에게 이 사실을 알렸다.

"방금 촛불이 꺼졌을 때 어떤 자가 첩을 희롱했습니다. 그자의 관모의 끈을 끊었으니 불을 켜시면 누가 그렇게 했는지 알 수 있습니다."

애첩의 청을 들은 장왕은 불을 켜지 못하도록 하고 잠시 생각하다가 이렇게 말했다.

"모두 관모의 끈을 끊고 오늘의 연회를 즐깁시다."

신하들이 관모의 끈을 모두 끊은 후에 장왕은 불을 켜라는 명령을 내렸다. 모든 이의 관모에 끈이 없으니 누가 애첩을 희롱했는지 알 수 없었다.

그 일이 있고 난 3년 후 초나라와 진나라 간에 전쟁이 벌어졌다. 그때 장웅이라는 장수가 앞장서서 싸웠고, 가장 큰 공을 세웠다. 장왕은 장웅을 불러서 이렇게 물었다.

"내가 덕이 부족해 그대처럼 훌륭한 장수를 알아보지 못했다. 그대는 어찌 그리 용맹하게 싸웠는가?"

"3년 전 연회를 기억하십니까? 그때 술에 취해 죽을 죄를 지었으나 왕께서 용서하시고 저를 살리셨습니다. 그 은혜를 보답하고 싶었습니다."

장웅은 왕이 너그럽게 부하를 대했던 마음을 잊지 않았던 것이다. 이 이야기에서 나온 말이 '절영지회(絕纓之會)'로 '갓끈을 끊고 노는 잔치'라는 뜻이다('절영지연(絕纓之宴)'이라고도 한다). 다른 이의 잘못을 너그럽게 용서해주거나 위기에서 구해주면 보답을 받게 된다는 의미이다.

리더는 때로는 아버지처럼 엄격하게, 때로는 어머니처럼 포용력 있게 조직을 관리해야 한다. 이러한 좋은 리더에게는 좋은 팔로워가 따른다. 훌륭한 리더와 팔로워가 일하는 조직이 치열한 경쟁 속에서도 성공하고 장기적인 미래를 꿈꿀 수 있다.

두 번의 백의종군, 공동체를 위해 자신을 내려놓다

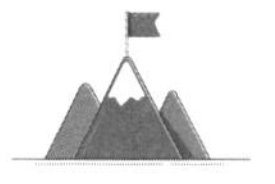

'조선 최초 해군참모총장'에서 '이등병'으로의 추락

삼도수군통제사는 임진왜란 때 처음으로 생긴 관직이다. 경상도, 전라도, 충청도 등 세 도의 수군을 총괄 지휘하는 자리로 오늘날로 치면 해군참모총장이 된다. 조선 최초의 삼도수군통제사가 바로 이순신 장군이다. 임진왜란 발발 당시 전라좌수사였던 이순신은 연전연승을 거듭하면서 삼도수군통제사로 임명되는 영광을 안는다. 장군이 연승을 거듭하며 바다를 철저히 봉쇄한 덕분에 왜군의 전술에 차질이 빚어질 정도였으니 영광을 받아 마땅하다고 하겠다. 부하장수들과 백성들의 신뢰가 나날이 두터워졌고 장군의 인기는 그야말로 무섭게 치솟았다.

그러나 이 영광은 오래 가지 못했다. 선조가 그에게 백의종군(白衣從軍)의 명령을 내린 것이다. 백의종군이란 흰옷을 입고 군대를 따른다는 의미로, 관직이 없이 전쟁터에 나가 싸우는 것을 말한다. 조선 역사상 최초의 해군참모총장이었던 장군이 '이등병'으로 강등된 것이다(정확하게 이야기하면 이순신은 백의종군의 명을 받기 전 이미 한 계급을 강등당한 상황이었다. 선조는 1597년 1월 이순신을 삼도수군통제사에서 한 계급 강등해 충청 · 전라 양도 수군통제사로, 원균을 경상 수군통제사로 발령했다. 한산도의 통제영(삼도 수군을 지휘하는 본부)을 거제도로 전진 배치하라는 명령을 수행하지 않는 데 대한 문책이었다).

백의종군은 조선 특유의 징벌 제도로, 죄를 지었기 때문에 직책을 거두는 대신 공을 세울 기회를 주는 것이다. 직책이 없으니 말단 졸병과 차이가 없어 보여도 똑같다고 할 수는 없다. 우리가 흔히 생각하는 것처럼 '정치적 사형선고'를 받은 것은 아니지만, 최고 지휘관의 장수가 직책을 빼앗기는 것 자체는 대단히 불명예스러운 일임은 분명하다.

잘 알려진 바와 같이, 1597년 정유재란이 발발하면서 선조는 왜 나라 첩자의 술책에 넘어간다.

이순신의 조선 수군 때문에 해전에서 연전연패한 왜군은 반간계를 이용해 이순신을 제거하려고 한다. 왜군은 고니시 유키나가(소서행장)의 부하 요시라를 이전부터 교류하고 있던 경상우수사 김응서에게 보내 내부정보인 것처럼 속인다.

"장군, 내 아주 긴밀한 정보를 전하러 왔습니다."

"어떤 정보이기에 이리 급하게 찾아오셨소?"

"나의 주군인 고니시 유키나가는 조선과의 휴전협상을 원하고 있습니다. 그런데 가토 기요마사(가등청정)가 반대를 하고 있어 협상하지 못하고 있지요. 가토를 제거하면 휴전협상을 시작할 수 있을 것인데, 조선이 이를 도와줬으면 좋겠습니다."

"그걸 조선이 어찌 도울 수 있단 말이오?"

"보름 후 가토가 본국에서 돌아오는데 소수만 이동하니 그때 부산포에서 제거하면 됩니다. 우리 주군과 가토는 앙숙 관계니 우리도 도울 것이오."

"일단 알겠소, 조정에 보고한 후 다시 얘기합시다."

이 정보를 접한 선조는 아주 좋은 기회라 여겨 이순신에게 부산으로 가 왜군을 칠 것을 명령했다. 하지만 계책을 의심한 장군이 이를 거부하자 한양으로 압송한 후 옥에 가두었다. 장군에 대한 질투심과 불안감에 사로잡힌 선조는 그를 죽일 생각까지 했을지도 모른다. 그러나 그동안의 혁혁한 공 덕분에 목숨을 건지고 경남 합천에 주둔한 도원수 권율 휘하에서 백의종군하라는 처벌을 받는 것으로 일단락된다. 장군은 고단한 몸을 이끌고 길을 떠났다. 너무도 급작스러운 추락이었고, 억울하기 짝이 없는 일이었다.

불행은 이뿐만이 아니었다. 충남 아산에 잠시 들른 장군은 어머니의 부음을 접하고 만다. 자식이 감옥에 갇혔다는 소식에 애끓는 가슴을 안고 배편으로 서해안을 따라 올라오던 고령의 노모가 끝내 아들의 얼굴을 보지 못하고 숨을 거둔 것이다. 효심 깊은 장군의 마음이 얼마나 찢어졌을까. 그는 〈난중일기〉에 '하늘의 해조차 캄캄하다'라고 적었다. 죄인의 몸이라 장례를 치르지도 못하고 장군은 백의종군이 길을 떠났다.

이보다 더 최악일 수 없다고 되뇌는 장군 앞에 악마의 미소는 다시 찾아왔다. 장군이 한양으로 압송된 후 삼도수군통제사가 된 원균이 같은 명령을 받고 출전했다가 칠천량에서 대패한 것이다(원균 역시 이순신처럼 출전을 거부했으나 도원수 권율은 삼도수군통제사인 그의 곤장을 친다. 원균은 굴욕적인 압박을 받은 끝에 어쩔 수 없이 출전했다). 칠천량해전은 임진왜란과 정유재란을 합한 7년 전쟁에서 유일하게 조선 수군이 대패한 사건으로, 이순신이 애써 키워온 함대가 거의 전멸하고 원균도 전사했다. 선조는 뒤늦게 자신의 잘못을 후회하며 장군에게 다시 삼도수군통제사의 직책을 내린다. 이름뿐인 삼도수군통제사의 직책을 받는 날, 장군은 〈난중일기〉에 이렇게 적었다.

> "맑음. 이른 아침 선전관 양호가 교서(임명장)와 유서(임금의 당부말)를 가져왔다. 삼도수군통제사를 겸하라는 명령이었다. 엄숙하게 절하고 서장을 써서 봉해 올렸다."

남은 배는 12척, 수선이 필요한 1척을 포함해 13척뿐이었다. 너무나 화나고 속상하고 기막히고 등등 감정이 넘쳐흐를 법하건만, 〈난중일기〉에 그런 감정의 폭풍이 느껴지지 않고 담담하다.

장군은 침착하고 빠르게 전쟁을 준비했다. 흩어진 장수와 병졸을 모으고 군량을 보충했다. 그리고 명량해전에서 빛나는 승리를 거둔다. 13척으로 133척에 맞서 승리를 거둔, 전 세계 해전사상 유례가 없는 대승이었다. 최악의 불행, 최악의 불리함을 이겨낸 놀라운 승리 앞에 찬탄이 나오면서도 한편으로는 이런 생각이 들었다.

"최악의 상황에서도 사람이 어떻게 이토록 초지일관할 수 있을까?"

솔직히 내가 장군의 입장이라면 선조가 다시 삼도수군통제사의 직책을 맡겼을 때 "됐습니다."라고 말하고 미련 없이 떠났을 것이다. 요즘 방식으로 말하자면 아마 전화도 안 받고 문자도 무시했을 것이다. 분노와 배신감을 주체하지 못했을 것 같다.

"임금님, 진짜 나한테 왜 이래요? 백의종군을 어떻게 두 번이나 시키냐고요!"

사실 장군의 백의종군은 처음이 아니었다. 다들 임진왜란 때의 백의종군만 기억하지만, 앞서 한 번의 백의종군 경험이 더 있었다.

1586년(선조 19년) 42세의 나이인 이순신은 류성룡의 추천으로 함경도의 만호이자 녹둔도의 둔전관에 임명됐다. 녹둔도는 두만강 끝자락에 작은 섬으로, 여진족의 기습적인 침탈이 많은 곳이었다. 조선 조정은 그곳에 군사조직을 설치하고 둔전을 두어 쌀을 경작하게 했다. 둔전관은 둔전과 군량미를 관리하는 관직이다.

이순신이 부임할 당시 그곳의 군 기강은 엉망이었다. 장군은 흐트러진 기강을 잡고 착실하게 훈련을 시켰다. 1587년 가을 여진족이 평소보다 10배가 넘는 군사를 동원해 대대적인 공격을 준비했다. 이순신은 북병사(함경도 북병영의 병마절도사) 이일에게 원군을 요청했지만, 그곳을 방어하는데 그 정도 병력이면 충분하다며 거절당한다. 이순신은 포기하지 않고 함경도 경흥부사 이경록에게 군사를 요청했다. 하지만 미처 도움을 받기도 전에 여진족이 기습공격을 감행했고, 병사와 백성들이 끌려가고 말과 식량을 약탈당했다. 이에 조선군은 이경록과 이순신을 선봉으로 여진족을 쳐서 포로를 구출했지만, 조선 조정에서는 아군의 피해가 컸다면서 두 사람에게 백의종군의 명을 내렸다. 이 일에 앞장선 사람은 앞서 이순신의 원군 요청을 거절한 병마절도사 이일이었다. 다행히 이듬해인 1588년 여진족을 급습해 공을 세움으로써 백의종군에서 벗어나지만, 이순신은 정말 상관 복, 임금 복이 없었던 사람이었다. 그러니 나 같으면 군사부일체는 고사하고 임금이 있는 방향으로는 고개를 돌리기도 싫었을 것이다.

하지만 장군은 그러지 않았다. 달랑 13척으로 앞으로 어떻게 싸울지 두렵고 잃어버린 함선과 부하들이 아까워 분통이 터질 법도 한데, 마치 아무 일이 없었던 것처럼 수군 재건 작업에 착수한다. 흩어진 장수와 병졸을 모으고 군량을 보충하기 위해 백방을 누볐다. 그의 준비는 침착했고 빨랐다. 13척의 배로 거대한 적과 맞서 싸우겠다는 발상 자체가 너무 터무니없는 일이다. 선조는 수군을 폐하고 육전에 참가하라는 조서까지 내렸다. 하지만 이순신은 끝까지 싸우겠다는 장계를 올려 선조를 설득한다. 엄청난 고난과 역경 속에서도 굴하지 않고 자신의 역할을 다하는 장군의 모습에 감탄하지 않을 수 없다.

직원이 사랑하는 회사,
회사가 사랑하는 직원

중국 속담에 '옥은 부서질지언정 그 흰 빛을 잃지 않으며, 대나무는 부러질지언정 그 곧음을 잃지 않는다.'는 말이 있다. 딱 장군을 연상케 하는 말이다. 장군은 무시무시한 고난과 시련, 불이익에도 불구하고 자신의 소명을 잃지 않았다. 이것이 어떻게 가능했을까? 그가 진정으로 국가를 위하고 백성을 사랑하지 않았다면 불가능했을 것이다. 진정으로 그는 자신의 목숨보다 국가의 안위가 먼저였다.

현대 사회에서 이순신 장군처럼 자신이 속한 조직에 죽기까지 충성하는 사람을 바랄 순 없다. 그 정도까지는 아니더라도 기업들은 직원들이 조직을 위해 헌신하고 충성하기를 바란다. 끊임없이 직원들이 주인의식을 가지고 일해야 한다며 교육을 통해 동기부여한다. 어떻게 하면 성과를 향해 몰입하게 할 수 있을까? 어떻게 하면 직원들의 애사심을 높일 수 있을까? 기업의 인사, 조직 담당 부서의 고민은 한결같다. 오랫동안 고민해왔지만, 여전히 시원스런 해결방법은 찾지 못했다.

한 모임 자리에서 오랜만에 만난 후배가 자기 회사 이야기를 펼쳐 놓았다. 회사 대표와 간부를 풍자하는 그의 입담에 좌중에 웃음폭탄이 펑펑 터졌다. 그의 말에 따르면, 회사 대표가 늘 입버릇처럼 이런 말을 한다고 했다.

"직원들이 나만큼 회사를 생각해줬으면…."

세상에, 그런 꿈같은 이야기를 하는 사장 앞에서 후배는 이렇게 외쳤단다, 물론 마음속으로.

'저도 사장님처럼 월급 받으면 그렇게 할 수 있습니다!'

맞는 말이다. 회사 CEO라면 누구나 직원들이 자신처럼 회사를 생각하고 열정적으로 일하기를 바란다. 하지만 회사 CEO와 직원은 하나부터 열까지 다르다. 연봉부터 시작해서 모든 조건과 입장이 다른 것 투성이다.

대표는 대표라는 자리에 걸맞은 책임과 의무가 있고, 직원은 그에 맞는 책임과 의무를 가진다. 당연히 대표가 갖는 책임과 의무가 더 크다. 직급이 다른 사람에게 같은 책임과 의무를 요구하는 건 불가능에 가깝다. 자발적인 최선을 바란다면 모를까, 사장만큼의 열심을 직원들에게 강제하는 건 욕심일 뿐이다. 그런 기대는 접어두는 게 좋다.

그보다는 직원들이 자신이 속한 조직을 아끼고 애정을 갖게 할 방법을 궁리하는 게 훨씬 현실적이다. 직원이 조직을 사랑하게 된다면 자발적인 최선을 다할 테고, 실력 있는 인재들이 오래 머물고 싶을 테니 말이다. 이 부분에 힌트를 줄 수 있는 한 연구 결과가 있어 소개하고자 한다.

세계적 경제지인 미국의 《포춘(Fortune)》지는 1998년부터 매년 미국에서 '일하기 좋은 일터'를 선정(《포춘》지 선정 100대 기업)하는데, 미국의 경영컨설턴트인 로버트 레버링 박사가 이 기업들의 공통적인 특성을 연구해 발표했다.

첫째, 이 기업들은 공정성과 도덕성을 바탕으로 구성원 상호간의 신뢰(Trust)를 조직문화의 핵심 요소로 삼고 있다. 일터가 경쟁력을 갖기 위해서는 구성원 간의 관계의 질이 좋아야 한다고 믿고 있으며. 구성원 각자의 잠재력과 역량을 최대한 발휘할 수 있는 조직문화를 조성한다.

둘째, 재미(Fun)를 바탕으로 업무 몰입도를 높인다. 재미없는 일, 하기 싫은 일을 하다 보면 몰입도가 떨어져 생산성이 떨어지게 된다. 그래서 조직 차원에서 구성원들이 일을 대하는 방식과 마인드를 흥미롭게 하기 위해 노력한다.

셋째. 자부심(Pride)이다. 자기가 속한 공동체와 자기 일에 대한 자부심은 조직의 구성원으로서 책임감을 갖게 하고 공동체의 이익을 위해 헌신하게 한다.

이 세 가지 개념은 미국은 물론 세계적으로 관심을 불러일으키며 기업문화를 조성하는 하나의 트렌드가 됐다. 쉽게 정리하면, 구성원들이 서로 간의 관계 개선에 힘쓰고, 자신의 역량을 키우며, 즐겁게 일하고, 조직에 자부심을 가질 수 있도록 회사 차원에서 환경을 조성해야 한다는 것이다. 그런 회사가 성장하고 직원들이 오래 다니고 싶어 하는 건 당연하다.

로버트 레버링 박사의 연구는 왜 이순신과 조선 수군이 그토록 놀라운 성과를 냈는지 알려준다. 처음엔 조선 수군도 두려움이 컸을 것이다. 그러나 싸울 때마다 승리를 거두면서 병사들의 두려움은 자신감으로 변화하였고, 뛰어난 전술과 무기를 갖춘 이순신 함대에 속해 있다는 자부심이 생겼을 것이다. 또한 리더 이순신이 병사들을 신뢰하고, 공정하고 정당하게 대우함으로써 신뢰가 두터워졌을 것이다. 마지막으로 전쟁터에서 재미를 논한다는 것은 억지다. 하지만 두려움으로 시작된 전투가 매번 승리로 끝나다 보니 그들은 출전할 때마다 걱정보단 승리에 대한 희망과 기대로 출전하게 됐다. 시작부터 마인드가 다르지 않았던가. 이순신과 조선 수군이 훌륭한 성과를 낼 수 있었던 것은 결국 바람직한 조직문화를 바탕으로 했기에 가능했던 것이다.

최후의 승리를 위해 무엇이 중요한지 알다

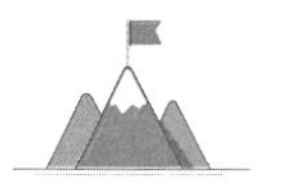

연합 수군을 위한 이순신의 인내

임진왜란이 일어난 초기의 전세는 조선에 불리했다. 1592년 4월 13일 부산에 상륙한 왜군은 빠르게 북상했다. 신립이 탄금대 전투에서 패배하자 선조는 한양을 버리고 몽진(피난)을 떠났다. 왜군은 부산 상륙 후 보름 만에 한양을 함락시켰고 선조와 대신들은 평양을 거쳐 의주로 향했다. 왜군은 평양성을 함락시키고 함경도까지 올라온 상태였다. 두려움에 빠진 선조는 명나라로 망명하려고 했지만, 신하들의 만류로 포기했다. 조선 조정은 명나라에 원군을 요청했다. 명나라는 조선이 무너지면 왜군이 명까지 공격할 것이라고 생각해서 참전을 결정했다.

명나라의 참전은 분명히 조선에 도움이 됐다. 조선과 명나라는 연합작전을 펴서 평양성을 탈환했고 이를 기점으로 전세의 흐름이 역전되기 시작했다. 각지에서 일어난 의병들의 활약도 컸다. 팔도 각지에서 백성들과 양반, 승려들이 나라를 지키기 위해 분연히 일어나 의병을 조직해 왜군과 싸웠다.

모든 일에 명암(明暗)이 있듯이 명나라의 원군이 조선에 도움이 된 것만은 아니었다. 약한 나라 조선을 도우러 왔다는 생각에 명나라 군대와 장수들은 조선을 얕잡아 보았고, 군사들은 여기저기 다니면서 민가를 약탈하고 부녀자를 희롱하거나 겁탈하는 등 문제를 일으켰다.

1598년 7월 16일 진린이 이끄는 명나라 수군이 예정보다 늦게 전남 고금도 통제영의 이순신 함대와 연합 수군을 형성했다. 정보 수집에 탁월한 장군은 진린과 만나기 전부터 그가 사납고 급한 성격을 가진 자라는 사실을 알고 있었다. 진린과 접촉했던 조선의 관리들도 그의 그런 성격을 꼬집었다. 조선 후기 학자 윤휴(이순신 장군 사위의 동생)가 지은 〈백호전서〉에는 진린의 사람됨에 대해 거칠며 교만한 사람이고 자기 부하들의 만행을 보면서도 아무런 제재도 하지 않는 안하무인이라고 기술하고 있다. 명나라에 원군을 요청한 조선을 얕잡아 보고 대국(大國) 장수라며 교만함을 가졌던 것으로 보인다.

당시 영의정이었던 류성룡은 〈징비록〉에 다음과 같은 걱정을 남겼다.

> "걱정스럽다. 이순신의 군사가 장차 패하겠구나! 진린과 함께 진중에 있으면 이순신이 견제를 당하고 의견마찰 때문에 반드시 장수의 권한을 빼앗기고 군사들은 학대당할 것이다. 이를 제지하면 분란이 일어날 것이요, 그대로 둘 수도 없는 일이니 이순신의 군사가 어찌 패전을 면할 수 있겠는가?"

육전에서 명군과 조선군과의 갈등을 익히 보아온 류성룡은 앞으로 일어날 일을 걱정하지 않을 수 없었다. 진린이 지휘권을 가졌다고 자신의 마음대로 하려고 한다면 곧고 강직한 성품의 이순신 장군과의 갈등은 불을 보듯 뻔했다. 이제 막 기사회생한 조선 수군의 운명이 또 다른 암초를 만난 것 같았을 것이다.

하지만 장군은 지혜로운 사람이었다. 임진왜란 초기 조선 수군의 판옥선의 크기와 함포 공격에 패배를 경험한 왜군은 정유재란 때에는 큰 배인 아다케부네(안택선)를 주력선으로 함대를 구성했고, 규모도 확대했다. 조선 수군은 명량해전 때 승리를 거두긴 했지만 앞서 칠천량 해전에서의 패배로 상당수의 배를 잃었기 때문에 명나라 수군과 연합 함대를 구성하는 게 여러모로 이득이 있었다. 장군은 이러한 현실을 잘 알고 있었다.

진린의 성품과 평가가 어떠하든 명나라 수군은 조선을 돕겠나고 온 것이다. 그렇다면 어떻게 해서든 그들과 잘 협력해서 좀 더 효과적으로 전투할 방법을 모색해야 했다. 아군의 숫자가 많을수록 전투에 유리한 건 사실이니까.

이에 장군은 진린의 수군을 맞아 성대한 잔치를 베풀며 환영의 뜻을 밝혔다. 전쟁 중이었기 때문에 식량이나 물자가 너너한 상황은 아니었지만, 진린과 우호적인 관계를 만들기 위한 자리를 만든 것이었다. 진린은 장군과 조선 수군의 환대에 매우 흡족해했다. 장군은 이후로도 여러 차례 잔치를 베풀며 진린을 극진하게 대우했다.

7월 24일 장군과 진린이 고금도 통제영에서 함께 있을 때 절이도에서 소규모 전투가 일어났다. 녹도만호 송여종이 왜군선 6척을 격파하고 적의 수급 69개를 갖고 와 승전을 보고했다. 8척의 조선 수군보다 많은 30여 척의 배로 절이도해전에 참가한 명의 수군은 아무런 전공이 없었다. 이를 안 진린은 부하장수들을 나무랐다. 이때 장군이 수급 40개를 진린에게 주며 전공을 양보했다.

"명군과 함께 싸운 것이나 마찬가지이니 공을 나누는 건 당연한 일입니다."

뜻밖의 선물을 받은 진린은 기분이 좋아졌고 장군에 대한 신뢰감이 점점 두터워지게 되었다.

이후 여름이 지나고 9월, 두 달여간 함께 지내면서 진린은 장군이 명성에 걸맞은 지략과 용맹함, 철두철미함을 지녔다는 것을 눈으로 직접 확인했다. 이순신 장군에 대한 진린 도독의 신뢰감은 조선 수군과 명나라 수군이 협조적인 관계로 발전되는 데 기여했다. 장군의 조카 이분의 〈충무공행록〉의 기록을 보자.

명나라 수군의 일부가 조선 백성들을 괴롭히는 일이 일어나자 장군은 의도적으로 명의 수군 주둔지였던 묘당도 주변 백성들의 집을 깨부수며 소란을 피우게 했다. 이 소식을 들은 진린이 장군에게 이유를 물었다.

"조선의 군사들과 백성들은 상국의 군사들이 조선을 도우러 온다 하여 기뻐하며 반가이 여겼는데, 상국의 병사들이 백성을 괴롭히니 어찌하겠습니까! 백성들을 다른 곳으로 이주시키려고 합니다."

장군의 답변에 놀란 진린은 문제를 일으킨 명나라 병사들을 처벌했다. 이후 명 수군의 범법행위에 대해 장군에게 처벌권을 주었다. 상국의 총지휘관으로서 거만하게 굴었던 진린이었지만, 이순신의 사람됨과 장수로서의 능력을 알아본 후 태도가 변화한 것이다.

장군은 현명했다. 그리고 인내했다. 옳지 못함 앞에서는 어떤 불이익을 무릅쓰고라도 꺾이지 않고 바로잡으려 했지만, 더 큰 가치인 나라와 백성을 위해 인내하고 인내한 것이다.

책무를 완수하고 노량에서 잠들다

1598년(무술년) 초 조명(朝明) 연합군은 사로병진(四路竝進)작전을 통해 남쪽에 자리 잡고 있는 왜군을 대대적으로 공격하겠다는 계획을 세운다. 사로병진작전은 말 그대로 4개의 길로 나눠, 동쪽은 명나라 장수 마귀를 대장으로 경주 방면으로 진격하고, 중앙은 이여매를 대장으로 진주로, 서쪽에는 유정이 맡아 순천 방면으로, 바닷길은 진린이 대장을 맡아 진격하겠다는 계획이었다(지휘권이 명군에 있었기 때문에 네 명의 지휘관 모두 명나라 장수다).

그리하여 조명 연합 수군은 유정의 육군과 함께 양동작전으로 순천왜성(왜교성 또는 예교성 등의 여러 이름으로 불렸다)을 공격하려 했지만, 실패하고 말았다. 유정의 지연전술과 전투 기피 때문이었다. 이에 화가 난 진린은 유정에게 항의했다. 이 작전에 참여해서 유정을 보좌했던 우의정 이덕형의 보고서를 보면, 유정과 진린의 사이가 좋지 않음을 알 수 있다. 조선으로 파견될 때 유정은 육군뿐만 아니라 수군의 지휘권까지 행사하려 했기 때문이다. 유정이 도독 진린보다 높은 직급인 총병관이지만, 지휘권의 간섭을 받는다는 건 진린 입장에서 불편한 일이었을 것이다.

사로병진작전이 실패로 끝난 후 10월경 도요토미 히데요시가 사망했다는 소식이 조선에 있는 왜군들에게 전해졌다. 히데요시의 유명을 받은 부하 오대로는 조선에 주둔한 왜의 장수들에게 11월 중순까지 서둘러 강화를 맺고 일본으로 철수하라는 명령을 내렸다.

이에 순천 왜성에 주둔한 고니시 유키나가(소서행장)는 유정에 수급 1,000개를 바치는 조건으로 강화를 맺는다. 이때 장군은 부하장수들과 대책회의를 갖고 순천 앞바다를 봉쇄해 고니시 유키나가의 퇴로를 차단하기로 했다. 또한 주변의 해역까지 봉쇄하며 왜군 간의 연락을 차단했다.

고니시 유키나가는 당황했다. 유정과의 강화를 통해 본국으로 퇴각할 수 있으리라 생각했지만, 이순신의 조선 수군이 바다를 가로막고 있어 빠져나갈 수 없었던 것이다. 장군으로서는 결코 적군을 무사히 돌려보낼 생각이 없었다. 무려 7년의 세월을 우리나라, 우리 백성을 짓밟고 유린한 적들이다. '들어올 때는 마음대로 들어왔지만, 나갈 때는 마음대로 안 될 것이다!'라고 이를 악물지 않았겠는가.

다급해진 고니시 유키나가는 유정에 이어 진린과도 협상을 벌이며 강화를 맺으려고 시도했다.

노량해전이 벌어지기 3일 전 진린은 왜성의 포위를 풀어 본국으로 퇴각하겠다는 일본 수군을 보내주려고 한다. 왜와의 협상 과정에서 뇌물을 받은 데다 전쟁이 끝나가는 와중에 피를 흘리고 싶지 않았던 것이다. 그간 잘 인내하고 양보했던 이순신 장군은 이번만은 참을 수 없었다. 진린이 지휘권을 앞세웠지만 아랑곳하지 않고 강하게 반발했다.

"장수로서 한 번 죽는 것은 아깝지 않소이다. 나라와 백성을 짓밟은 적을 나는 그냥 보낼 수 없습니다."

장군의 결연한 의지 앞에 감동한 진린은 장군의 뜻을 받아들였다.

〈충무공행록〉에 보면 장군이 "철천지원수인 적을 무찌른다면 여한

이 없겠습니다."라고 하늘에 고했다는 기록이 있다. 계속되는 전투에 지칠 대로 지쳐서 어서 끝내고 싶을 만도 하지만, 장군은 조국을 짓밟은 적들이 다시는 침략하지 못하도록 뜨거운 복수로 최후의 승리를 거두고 싶었다. 조선의 수군 총지휘관으로서 포기할 수 없는 사명이었다.

고니시는 살아 돌아가기 위해 여기저기로 구원병을 보내 달라고 요청했다. 이를 포착한 장군은 자칫 잘못하다가는 왜군으로부터 협공을 당할 수도 있다고 생각하고, 진린과 협의해 11월 18일 주력 부대를 노량해협으로 이동시켰다. 그곳에서 고니시를 구하기 위해 찾아올 왜의 구원 선단을 기다렸다.

11월 19일 새벽, 임진왜란 최후의 전투가 시작되었다. 조선 수군의 80척과 명 수군의 200척이 연합 수군을 형성해 고니시를 구원하러 온 500여 척의 대선단과의 치열한 전투가 벌어졌다. 살아 돌아가고자 발버둥을 치는 자들과 결코 그들을 살려 보낼 수 없는 이들과의 목숨을 건 싸움이었다. 명 수군도 치열하게 싸웠다. 장군은 왜군의 퇴로를 필사적으로 막으면서 왜군에 포위된 진린을 무사히 구출했다.

이 전투에서 조명 연합 수군은 300여 척이 넘는 왜선을 격파했다. 노량에서 죽은 왜군은 최소 1만 명 이상으로 알려져 있다. 살아남은 왜군들은 남은 배에 타고 허둥지둥 퇴각했다. 아군의 피해도 컸다. 가리포첨사 이영남, 낙안군수 방덕룡, 흥양현감 고득장 등 장수급만 10여 명이 전사했으며, 총사령관인 이순신 장군도 장렬히 전사하고 말았다(노량해전에서의 조선과 명, 왜군의 배 숫자, 전사한 왜군의 수는 기록마다 차이가 있다.

여기서 소개한 내용은 여러 가지 기록을 종합해 정리한 것이다).

장군이 왜군의 총탄에 맞아 쓰러지자 이를 본 장남 이회와 조카 이완 그리고 부장 송희립이 달려왔다.

"전투가 급하니 내가 죽었다는 말을 내지 말라."

마지막까지 총지휘관으로서의 책임을 잊지 않은 명령이었다. 적도 아군도 장군의 죽음을 알지 못하는 상황에서 조선의 대승으로 전투는 마무리됐다. 전투가 끝나고서야 장군의 죽음을 안 진린 도독은 통곡하며 진심으로 애통해했다. 조선 백성들과 군사들도 마찬가지였다.

조선 조정은 장군에게 우의정을 추증(나라에 공을 세운 신하가 죽은 후 직급을 올려주는 것)했으며, 1604년(선조 37년)에는 선무공신 1등에 녹훈(신하의 공을 문서로 기록함)했고, 좌의정에 추증했으며, 덕풍 부원군에 봉했다. 장군의 뛰어난 리더십과 나라와 백성을 생각하는 책임감, 뛰어난 전략전술은 지금까지도 전 세계적으로 존경과 찬사를 받고 있다.

상호의존성이 있는 곳에는 협력이 필수

나는 모 기업의 직원 채용을 위한 면접위원으로 3년간 참여한 적이 있다. 한 번은 신규프로젝트를 지휘할 팀장급 인재를 선발하기 위해

채용공고를 냈다. 팀장급의 경력이 많은 인재를 선발하는 채용이었는데, 100명 가까운 인원이 지원했다.

서류심사를 통해 최종 10명의 대상자를 면접하는 중에 특히 눈에 띈 한 사람의 이력서를 발견하게 됐다. 서울대와 카이스트를 거쳐 MIT에서 학위를 받은 인재였다. 경력 또한 국내 대기업 몇 군데에서 개발팀장을 경험한 이력 때문에 면접위원들의 관심이 집중됐다.

"A 기업에서는 어떤 업무를 하셨습니까?"

"신규 서비스를 위한 플랫폼 개발 업무를 했습니다."

"이직하게 된 동기는 뭡니까?"

"좀 재미있게 일해보고 싶어서 옮기게 됐습니다."

"조직 분위기가 어땠는데 그러시죠?"

"팀원들 개인역량은 뛰어난데, 모래알같이 잘 뭉쳐지지 않았습니다. 팀원들이 전반적으로 꽉 막힌 성격들이었거든요."

"팀장으로서 조직을 관리하기가 힘들었겠군요?"

"예. 일은 열심히 하는데 서로 경쟁하느라 협력이 잘 이뤄지지 않았습니다."

면접 후 그의 이력서는 바로 탈락자 이력서가 담긴 파일로 들어가게 되었다. 팀장으로서 조직의 유기적인 협력관계를 만들지 못했기 때문이다. 팀장이라면 팀워크를 구축하고 협력을 이끌어낼 수 있어야 한다. 자신의 책임에 대한 성찰보다는 구성원들을 탓하는 태도는 리더로서의 자질이 부족한 것이다. 이것이 그가 탈락하게 된 이유였다.

조직은 개인이 모여 이뤄진 체계적인 집단이다. 조직 안에서 개인 혼자서 결과를 만들어내는 일은 많지 않다. 개인과 개인, 조직과 조직의 연계와 유기적인 조합으로 결과를 만들어내는 일이 대부분이다. 상호의존적이라는 얘기다. 이렇게 상호의존성이 있는 곳에는 협력이 필수적이다. 협력을 통해 개인의 힘으로 달성할 수 없는 영역으로 범위를 확장시킬 수 있기 때문이다. 협력지수가 높은 조직일수록 경쟁력이 높아지고 남들보다 앞서 나가는 조직이 된다.

하버드대학의 존 코터 교수와 제임스 헤스켓이 발표한 '협력하는 기업문화와 그 성과'라는 논문을 보면, 문제를 발견하고 서로 협력하면서 문제해결책을 실행하는 문화를 가진 조직이 적응력이 높다고 말하고 있다. 다시 말해 적응력이 높은 조직은 협력을 중심으로 문제를 해결하며, 조직 내에서 협력이 잘 이뤄지는 기업은 매출이나 사원 증가율에서 비협력적 기업보다 탁월하게 높은 수치를 보인다는 것이다.

실례를 보자. 1973년 미국 제록스(Xerox)사의 연구소인 팔로알토연구소(PARC)는 세계 최초로 그래픽 방식의 PC를 개발했다. 쉽게 말해 지금 우리가 쓰는 컴퓨터처럼 마우스를 이용한 윈도우 방식의 컴퓨터를 처음으로 개발했다는 얘기다. 하지만 이 컴퓨터는 세상에 빛을 보지 못했다. 혁신적인 개발이었지만 이를 출시하기 위한 관계부서들의 협력을 이끌어내지 못했기 때문이다. 또한 마케팅부서도 이 제품을 이해하지 못했다. 결국 이 금은보화를 창고에 가둬놓은 채 방치하고 말았다. 그 후 1979년 팔로알토연구소를 방문했던 애플의 창업자 스티브 잡스가 이 그래픽방식 PC의 가치를 알아보고 영감을 얻어 만든 것이 매킨토시였다. 매킨토시는 순식간에 세계 시장을 석권했고, 애플은 이 매킨토시를 통해 세계적인 IT 기업으로 등극한다.

많은 기업이 의사결정이 빠른 조직을 만들기 위해 조직을 슬림(Slim)하고 수평적인 구조로 만들려고 노력한다. 몇몇 대기업들은 수직적 직급구조를 단순화해 수평적 구조로 조정하면서 호칭도 부장님, 차장님 등의 호칭을 없애고 '님'으로 통일해서 부르게 하고 있다. 과거에는 상급자가 하급자를 통제하는 업무 방식이었다면, 지금은 직급의 높낮이와 상관없이 상호 대등하게 협력 지원하는 방식으로 변화하고자 하기 위해서이다. 이를 두고 언론에서는 히딩크식 성공비결을 이식했다고 표현한다. 히딩크가 축구 국가대표팀을 맡아 제일 먼저 한 일이 호칭 파괴와 연공서열 파괴였다. 그라운드에서 팀 커뮤니케이션을 원활하게 하기 위해 선후배 상관없이 이름을 부르게 했고, 식사시간에도 선배와 후배가 따로따로 식사하는 것을 금지시키며 조직문화를 수평적으로 바꿔 성공했기 때문이다. 히딩크의 신화는 기업들에게 좋은 모델이 됐다.

개인보다 다수가 번성하는 이유

2000년대까지 기업의 인재상은 '똑똑한 천재'였다. 삼성 이건희 회장의 말처럼 1명의 천재가 10만 명을 먹여 살린다는 이론이다. 하지만 지금의 사회는 변화의 속도가 너무 빨라 개인의 힘으론 절대 따라갈 수 없다. 그 변화에 제대로 대응할 수 있는 집단이 있어야 힘을 발휘할 수 있다.

개인 한 사람보다 개인들이 모인 다수가 번성하는 이유에 관해 많은 연구 보고가 이뤄지고 있다. 이 현상은 자연에서 서식하는 동물 사회에서도 똑같이 존재하고 있다. 과학계에서 '21세기의 아인슈타인, 다윈, 뉴턴, 프로이드'라고 불리는 과학자 하워드 블룸의 〈글로벌 브레인(Global Brain)〉에는 아프리카의 침팬지와 개코원숭이의 사례가 소개돼 있다. 침팬지는 다른 동물들과 달리 매우 영리해서 도구를 만들어 사용한다고 한다. 이에 비하면 개코원숭이는 여느 동물과 다름없는 수준이다. 그런데 두 동물의 개체 수를 비교해보면 침팬지보다 개코원숭이가 압도적으로 많다. 개코원숭이는 아프리카에서 인간 다음으로 널리 분포된 동물로 알려져 있다. 하지만 영리한 침팬지는 개체 수가 나날이 줄어들고 있다. 왜 그럴까?

비밀은 개코원숭이의 단체성, 즉 네트워크 능력이다. 침팬지는 약 40마리씩 무리를 짓는 데 반해 개코원숭이는 그보다 3~6배 넘는 규모의 무리를 지어 생활한다. 덕분에 외부의 침입자를 방어하는 데에도 매우 효과적이며, 대규모 무리 생활을 통해 터득한 방법으로 생존력이 더 강해진 것이다.

워싱턴대학교 심리학과 교수인 키스 소여는 〈집단지성(Group Genius)〉이라는 책에서 "다수의 사람들이 서로의 생각과 의견을 교환하는 과정에서 나온 통찰력은 개개인의 통찰력을 모두 합친 것보다 더 큰 위력을 발휘한다."고 주장했다. 공유와 협력의 힘을 통해 '1+1=2'가 아니라 더 크고 좋은 성과를 기대할 수 있다는 얘기다. 여러 기업 현장에서 협력(cooperation)과 협업(collaboration)을 통해 생산성 향상을 달성하고 있다. 이러한 시도는 문화계도 예외가 아니다. 많은 예술가가 콜라보를 통해 새로운 장르를 탄생시키고 수많은 대중에게 감동과 영감을 선사하고 있다.

이순신 장군이 명나라 수군과 협력하기 위해 그토록 애썼던 이유도, 힘을 합쳤을 때 더 좋은 성과를 얻을 수 있으리라는 생각을 했기 때문이다. 그래서 그 바쁜 가운데에서도 진린 도독과의 관계를 돈독하게 하려고 시간을 할애했던 것이다.

임진왜란 7년 전쟁에서 조선이 최후의 승리를 얻은 이유에 대해 학자들이 여러 분석이 있다. 나는 그중 하나로 조선 수군의 조직력을 이야기하고자 한다. 조선 수군은 조직이 체계적이고 지휘체계가 명확했다. 고려 시대부터 이어져온 왜구의 침략을 막다 보니 상대적으로 수군의 모든 것이 발달돼 있었다. 삼도수군통제사인 이순신을 중심으로 각도의 수군절도사(정3품, 경상우수사, 전라우수사 등) 그 밑에 수군첨절제사(종3품) - 수군만호(종4품) 등으로 이어지는 각각의 수영마다 직급과 직책이 명확한 체계를 갖고 있었다. 상명하복의 군대였지만 장군은 부하장수들과 끊임없이 소통했다. 그래서 조선 수군의 작전과 전술은 체계적이고 효율적으로 이뤄질 수 있었다.

반면에 왜군은 그렇지 않았다. 왜군의 구성은 각 지역을 다스리는 다이묘(大名, 지방영주)들이 징발한 병사들로서 연합된 통일성이 없는 군사들이었다. 다시 말해 도요토미 히데요시 직속의 수군은 있었어도 일본 국가의 수군이란 존재하지 않았다. 그러다 보니 연합이나 단결과는 거리가 멀었고, 다이묘 각각의 부대가 서로 전공을 올리기에 급급했다. 당연히 작전이나 지휘 체계도 일치되지 못했다. 특히나 군대의 대장인 영주가 잡히거나 죽으면 사기가 급속히 떨어졌다.

장군은 이 부분을 잘 알고 있었기에 전투가 시작되면 적장의 배를 집중 공격해 적의 사기를 떨어뜨리는 작전을 구사했다. 거북선이 참전한 여러 해전에서 거북선은 항상 적의 중심부로 진격해 적의 대장선을 집중적으로 공략했음을 여러 기록에서 찾을 수 있다. 또한 장군은 적의 목을 잘라 수급을 획득해 전공을 올리는 비효율적인 전투방식을 지적하며, 병사들에게 적을 죽이는 데만 집중하라고 명령한다. 적의 목을 베는 시간과 힘을 아껴 더 많은 적을 죽이는 것이 실리적이기 때문이다.

협력과 협업은 시대적 요구다. 변화가 빠르고 경쟁이 치열하며, 변수가 많은 이 시대적 상황에 좀 더 효율적으로 대응하며 빠르게 대처하고 싶다면 개개인이 연합해 조직력을 갖출 수 있어야 한다.

노량해전은 당시 조선 수군의 규모로 감당하기 어려운 대규모 전투였다. 명과의 연합을 이루지 못했다면 감당하기 어려웠을 것이다. 이순신 장군은 인내와 양보를 통해 협력을 이끌어냈고 그 결과 최후의 전투에서 승리를 거둘 수 있었다. 어떤 순간에도 자신의 책임감을 잃지 않고 나라와 백성을 구하겠다는 목표를 달성한, 진정한 리더십이었다.

"비둘기처럼 생긴 회색빛 나는 새 한 마리가
13일 밤부터 대궐 안 숲에서 울었는데…. (중략)
울기 시작한 날이 바로 왜구가 상륙한 날이었다."

– 선조 25년 4월 30일의 기록(〈선조실록〉 26권)

4장

이순신의 역사

이순신, 그를 만나다

임진왜란,
그리고 이순신

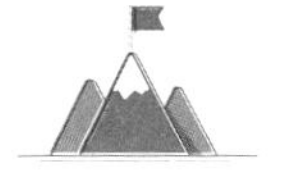

일본은 왜 조선을 침략했을까?

1592년 일본은 왜 조선을 침략했을까? 기억을 더듬어 중학교 교과서에서 배운 내용을 떠올려보면, 도요토미 히데요시가 전국시대를 통일한 후 남아도는 군사력을 외부로 돌려 자국 내의 안정을 유지하려는 전략의 일환이라는 것이 기존의 학설이었다. 하지만 근래에 들어서 경제적인 이유가 더 컸다는 연구 보고가 많아지고 있다. 일본의 조선과 명나라에 대한 무역역조(한 나라에 대해 수출보다 수입이 많은 상태)를 타개하기 위한 방법으로 전쟁을 일으켰다는 것이다.

섬나라 일본은 명나라의 비단과 조선의 면포(무명)와 인삼을 주로 수

입해갔다. 특히 면포는 배가 중요한 운송수단이었던 섬나라 일본에겐 아주 매력 있는 품목이었다. 면포가 등장하기 전까지는 배의 돛을 짚으로 짜서 만들었는데, 면포로 돛을 바꾸고 나서부터는 배의 속도가 빨라지고 방향전환도 쉬워지는 등 항해술에 많은 발전이 있었던 것이다.

신문물에 대한 수요와 욕심이 있었던 일본은 명과 조선에 교역량을 늘려줄 것을 요청했다. 하지만 가내수공업을 중심으로 생산되던 시대였기 때문에 수출량을 늘려줄 수는 없었다. 이에 욕심이 생긴 일본의 상인들이 교역이 주로 이뤄지던 삼포(부산, 울산, 마산)와 명나라의 영파(寧波)에서 반란을 일으켰다. 삼포왜변, 영파왜변 등이다. 이 후 조선과 명나라는 일본과의 교역을 중단하게 됐고 일본의 경제적 고립이 시작되었다(이 시대적 배경과 상황을 그대로 그린 영화가 있다. 국내에서 최고의 흥행과 인기를 끌었던 임청하 주연의 '동방불패'다. 일본의 상인들이 중국의 해안가 도시로 넘어가 노략질하는 시대적 상황과 내용을 잘 그려냈다).

도요토미 히데요시가 정권을 잡은 후 무역규제를 풀기 위해 노력했으나 뜻대로 되지 않았다. 원래부터 야심가였던 도요토미는 결국 전쟁으로 문제를 해결하려고 했는데, 그것이 임진왜란이라는 것이다.

과거의 학설과 근래의 학설, 어느 것이 맞다 틀리다를 판단할 순 없을 것 같다. 커다란 사건의 배경에는 유일무이한 원인만 있는 게 아니기 때문이다. 여러 가지 상황이 복합적으로 맞물려 발생했다고 봐야 할 것이다. 원인이야 어떠하든 남의 나라를 침략한 것은 명백한 잘못이다.

큰 환란을 예견하다, 이이의 양병십만론

조선의 역사에서 백성들을 가장 힘들게 했던 왕으로 많은 사람이 선조(제14대 왕)와 인조(제16대 왕으로, 인조 치세 때 정묘호란과 병자호란이 일어났다)를 꼽는다. 조선의 당쟁은 선조 8년부터 시작됐다.

동인과 서인이라는 붕당(정치적 · 학문적 견해가 같은 사람들끼리 모인 정치집단으로, 오늘날의 정당을 말한다)으로 시작된 조선의 당쟁을 평가하는 학계의 입장은 둘로 나뉜다. 소모적인 대립으로 정치적 혼란을 가중했다는 평가와 다양한 정치세력의 입장을 반영해 균형 있는 국정 운영을 도왔다는 평가 두 가지다. 앞서 이야기했듯이 어떤 일이든 한 가지 측면만 존재하지 않기 때문에, 당쟁 역시 긍정과 부정 모든 측면을 갖고 있을 것이다. 일반적으로 선조 치세의 당쟁은 좋게 평가받지는 못한다. 나라의 큰 환란을 막는 데 전혀 기여하지 못했기에 그럴 것이다.

1582년(선조 15년) 12월 율곡 이이가 병조판서(조선 시대 군을 총괄한 병조의 최고 책임자. 오늘날의 국방부 장관에 해당한다)에 임명됐다. 율곡 이이는 당대에 손꼽히는 학자이자 정치가로 서인에 속해 있었다. 율곡은 이듬해인 1583년 4월 경연석상에서 양병십만론을 제기했다.

율곡이 10만의 군사를 미리 양성해 뜻하지 않은 변란에 대비해야 한다고 말하자, 류성룡이 "군사를 양성하는 것은 화를 키우는 것이다."라고 강력히 반론했다고 기록돼 있다(〈선조수정실록〉 16권, 선조 15년 9월 1일). 또한 율곡의 제자인 김장생이 쓴 〈율곡행장〉과 이항복이 쓴 〈율곡신도비명〉에도 이와 같은 내용이 기록돼 있다.

학계에서 율곡의 십만양병설에 대한 이견이 있다. 조선왕조실록 중 〈선조실록〉에는 그러한 기록이 없기 때문이다. 하지만 〈선조수정실록〉에는 율곡이 10만 양병에 대한 건의를 한 것으로 기록하고 있다. 내 생각으로는 여러 정황을 살펴볼 때 율곡이 외세의 침략에 대비해야 한다고 주장한 건 확실한 것 같다. 그것이 국방부 장관으로서의 임무이기도 했다. 그러나 두 개의 실록이 다른 이유는 사관(史官)의 문제가 아닐까 한다. 실록을 기술할 때 국정을 주도하는 세력이 누구냐에 따라 사관의 사론(史論)도 매우 영향을 받을 수밖에 없다.

안타깝게도 양병십만론은 받아들여지지 않았다. 그 이유 중의 하나가 내부에 군사가 많으면 왕권이 위협받을까 걱정스러웠던 것이다. 참으로 한심스러운 이유가 아닐 수 없다. 만약 선조가 율곡의 건의를 받아들였다면 조선의 수백만 민중이 그런 고초를 겪지 않았을지도 모른다는 생각이 든다. 율곡과 같은 선견지명이 있는 현인들의 말에 귀를 기울일 줄 아는 리더십이 아쉬울 뿐이다. 율곡은 서인에 속해 있긴 했지만, 어느 한쪽에 치우치지 않고 양 당파의 이견을 조율하는 중간자 역할을 했다. 그러나 양병십만론을 주장했던 그 이듬해인 1584년에 사망하면서, 조선의 당쟁은 더 혼란에 빠진다.

당시 일본의 천하를 움켜쥔 것은 도요토미 히데요시였다. 지방영주들을 제압해 일본을 통일하고 자신감이 충만했던 도요토미는 기울어가는 명나라까지 취하려는 생각을 갖고 있었다. 그는 대마도 영주를 불러 다음과 같은 내용을 조선에 전달하라고 했다. 정명향도(征明

嚮導), 명을 치러 가는 일본에 길을 안내하라는 의미였다. 말이 좋아서 안내지, 일본의 앞잡이가 되라는 얘기였다. 일본을 오랑캐로 여겼던 조선에겐 말도 안 되는 요구였다.

조선과의 무역에 의지해왔던 대마도주는 이 내용을 그대로 전달했다가는 조선과의 관계가 파탄될 것을 걱정해 내용을 바꿔 조선에 전달하게 된다. 이름하여 가도입명(假道入明), 길을 빌려 명나라로 들어간다는 내용이었다. 그러면서 통신사를 파견해 달라고 요청했다.

1590년 3월 일본의 거듭된 요청에 조선 조정은 통신사를 일본으로 파견한다. 정사 황윤길, 부사 김성일, 서장관 허성 외에 200여 명에 이르는 대규모 사절단이었다. 부산에서 대마도, 오사카를 거쳐 교토에 도착한 것은 6월 중순이었다. 그리고 지루한 기다림 속에 11월이 돼서야 사절단은 도요토미 히데요시를 만나게 된다.

9월 1일에 교토에 복귀한 도요토미 히데요시는 조선의 사절단이 기다리고 있음을 알았지만 개의치 않고 두 달여를 더 기다리게 했다. 그의 오만함을 느낄 수 있는 대목이다. 류성룡이 지은 〈징비록(懲毖錄)〉에는, "도요토미 히데요시는 키가 작고 볼품이 없었으며, 검은 얼굴에 째진 눈을 가져 사람을 쏘아 보는 듯하다."고 기록돼 있다.

조선의 도움을 받아 명나라로 진군하겠다는 도요토미 히데요시의 의도와 달리, 조선통신사가 전한 선조의 서신에는 국가 간의 우호를 돈독히 하자는 기본적이고 형식적인 얘기만 담겨 있었다. 아마 대마도주가 전한 '가도입명'에 대해서 조선 조정은 대수롭지 않게 생각했던 것 같다. 도요토미 히데요시는 자신의 의도대로 되지 않음을 이유로 회담을 일방적으로 중지하였다. 서로의 생각이 전혀 달랐으니 회담이 잘 되기는 애초부터 틀렸던 것이다.

조선으로 돌아온 통신사 일행은 선조에게 상반된 내용의 두 가지 보고를 한다. 정사 황윤길은 도요토미 히데요시는 눈빛이 빛나 지략이 있어 보이고 상이 범상치 않으며 곧 조선을 침략할 것이라고 했지만, 부사 김성일은 도요토미가 쥐새끼의 상으로 생각이 좁아 보이고 조선을 침략할 기미가 보이지 않는다고 보고한 것이다. 서인이었던 정사 황윤길의 '갑론'에 동인이었던 부사 김성일의 '을론'이었던 것이다. 사실 황윤길과 김성일은 당대에 손꼽히는 인재들이었다. 황윤길은 세종 때의 명재상인 황희의 5대손이고, 김성일은 퇴계 이황의 핵심 제자였다. 그러나 이러한 인재들의 의견이 달랐고, 조정은 나라를 위한 방향으로 결론을 내리지 못했다. 조정은 당시 주도세력인 동인의 의견을 받아들여 전쟁을 대비한 준비에 소홀하게 된다.

반대로 일본의 정탐은 사실적이고 구체적이었다. 조선 군사들이 사용하는 창의 길이 등과 같이 무기에 대한 정보와 휴식할 때 어떻게 하는지 등등 조선군의 기강까지 치밀하게 정탐했다. 양국의 대처가 이렇게 달랐으니 임진왜란에서의 조선의 불행은 예견된 것이라고 할 수밖에 없었다.

일본에 불시착한
포르투갈 상인의 조총

1490년대를 지나면서 유럽에서는 대항해 시대가 시작된다. 대항해 시대란 유럽 국가들이 바닷길을 통해 신대륙을 찾으러 나아가던 때로, 대개 15~17세기의 기간을 말한다. 포르투갈과 스페인이 주도한 이 항해는 후추와 같은 향료를 찾아서 선박들이 아프리카, 아시아, 남미 쪽으로 향하는, 그 시대의 새로운 무역 기조였다. 포르투갈 선박들은 16세기 초 중국에 진출해 마카오를 점령했고, 이곳으로 서양의 배들이 몰려들었다. 이렇게 항로가 새롭게 개척되는 가운데 1543년 일본에 한 사건이 발생했다. 마카오로 향하던 중국 배 한 척이 일본 규슈 남쪽에 위치한 다네가시마 섬에 불시착하게 되는데, 그 배에 타고 있던 포르투갈 상인에 의해 조총이 일본에 전해지게 된 것이다.

당시 전국 시대의 패권 다툼 속에서 지방영주에게 조총은 정말 특별한 무기가 아닐 수 없었다. 특히 오다 노부나가는 조총이라는 신무기를 통해 군사력이 엄청나게 강해질 수 있음을 깨닫고 조총 부대를 조직했고, 일본을 통일하겠다는 생각을 품게 되었다.

16세기 중반 일본은 세계에서 두 번째로 많은 은을 생산하는 국가였다. 은 생산을 통해 일본은 엄청난 경제력의 성장과 함께 군사력 증강으로 국력이 성장하게 됐다. 일본 열도를 평정하기 위해 지방영주들과 싸움을 벌이던 오다 노부나가는 통일을 목전에 두고 부하의 배신으로 사망했다. 이후 도요토미 히데요시가 오다 노부나가의 뒤를 이어 일본 천하를 통일하였다(1589년). 야심가였던 그는 조선으로 눈을 돌리게 된다.

부산포 앞바다의 검은 구름, 임진왜란이 일어나다

1592년 4월 13일 왜의 30만 대군이 대마도를 거쳐 부산 앞바다를 가득 메웠다. 참혹한 7년 전쟁이 시작된 것이다.

준비되지 않았던 전쟁은 시작부터 비극이었다. 저녁 해가 서쪽으로 기울 무렵, 저 멀리 수평선 위로 나타난 배들의 모습을 본 부산진 첨절제사 정발은 대마도에서 정기적으로 오는 세공선으로 생각했지만, 잠시 후 구름처럼 몰려오는 왜군의 전함을 보며 깜짝 놀랐다. 정발과 군사들은 최선을 다해 싸웠지만 역부족이었다. 부산진은 함락되었고 정발도 전사했다.

왜군은 첫 전투인 부산성을 함락하고 난 후 파죽지세로 밀고 올라갔다. 100년 가까운 내전을 통해 훈련된 병력과 조총으로 무장한 왜군은 강했다. 조선은 전쟁을 미처 대비하지 못한 데다 조총의 위력 때문에 전투마다 속수무책으로 패하고 말았다.

왜군은 전쟁 20일 만에 한양까지 다다랐다. 왜군이 용인을 지나 한양으로 진군해 오자 선조는 파천(피난)을 했다. 국왕이 자신만 살겠다고 백성을 버리고 도망하는 모습을 보며 분노한 백성들이 경복궁에 난입해 불을 질렀다. 천민들은 노비 문서를 관리하는 관청인 장예원에 불을 질렀다.

백성들의 분노와 봉기에 놀란 선조는 파천을 주도한 자가 자신이 아니라는 것을 보여주기 위해 영의정 이산해를 희생양으로 삼아 파면한다. 또한 좌의정 류성룡도 파천에 적극적으로 반대하지 않아 백성들의 분노를 사게 했다는 죄목으로 파면시켰다. 한양에서 개성으로, 또 개성에서 평양으로, 다시 의주로 갔다. 계속된 피난행렬은 고단하고 초라하기 그지없었다. 멀리 평산까지 도망간 선조는 요동내부(遼東內附) 의사를 공공연히 내비치기 시작했다.

요동내부란 요동지방으로 가겠다는 뜻으로, 한 마디로 명나라로 망명하겠다는 이야기다. 국가와 백성을 버리고 요동으로 들어가 명나라 백성으로 살겠다는 생각이 왕으로서 할 수 있는 생각인지 정말 한심스럽다. 나라와 백성보다 자신의 안위만 걱정했던 것밖에 되지 않는다. 신하들 모두가 반대했으나 개경의 임진강 방어선이 무너졌다는 소식이 전해지자 선조는 이 요동내부 계획을 관철하려고 했다. 하지만 굴욕스럽게도 명나라의 반대로 이 요동내부책은 실현되지 못했다.

한편, 한양을 점령한 일본은 무척 당황했다고 한다. 어찌 보면 우스꽝스러운 얘기지만, 당시 왜군은 왕이 있는 한양과 궁궐만 점령하면 전쟁이 끝나는 것으로 생각했다. 그렇게 생각하는 것이 당연한 이유는 일본은 성을 함락하고 성주가 항복하면 전쟁이 끝났다. 우두머리에게만 항복을 받으면 되는 것이 일본의 전쟁 개념이다. 그런데 조선은 달랐다. 한양을 점령했지만, 국왕이 도망을 가서 놓쳐 버리고, 여기저기 의병까지 나타나는 기이한 현상이 벌어지자 그들로서는 당황스러웠던 것이다.

"왕이 도망을 가?"

"왕도 없는데 곳곳에서 백성들이 군대를 조직해서 싸워?"

최대한 빠르게 한양을 함락하기 위해 군수물자를 뒤로하고 무기를 들고 뛰어왔던 왜군은 허탈했다. 아직 전쟁이 끝나지 않았다는 이 '이상한 현상'에 대해서….

명나라는 조선을 위해 참전했을까?

임진년 여름, 조선을 돕는다는 명분으로 명군의 참전이 시작된다. 하지만 지금에 와서 평가해보면 명나라는 철저히 자국의 이익을 고려해 참전했다. 의주까지 점령한 일본이 압록강을 건너 북경까지 침입할 것을 우려한 명나라는 조선의 원군 요청 이전부터 전쟁에 어떻게 개입할 것인지 논의할 수밖에 없었다.

1592년 8월 명나라 병부상서 석성은 책사인 심유경을 조선으로 보내 평양에서 고니시 유키나가와 협상을 벌였다. 이때 고니시가 놀라운 제안을 한다. "대동강을 기점으로 한반도를 분할하자."는 것이었다. 대동강 이남은 일본이 취하고, 대동강 이북은 명나라가 취하자는 분할 제안이었던 것이다. 이런 내용으로 보았을 때 일본은 조선 땅을 점령하고 싶은 야욕을 갖고 있었던 점은 분명해 보인다.

이 협상에서 우리가 눈여겨봐야 할 점은, 다른 나라들이 한반도를 분할 통치하겠다는 것은 해방과 한국전쟁 때 처음 나온 말이 아니라는 사실이다. 우리나라의 국력이 약해지면 언제든지 우리의 영토가 강대국의 흥정 대상이 될 수 있음을 기억해야 한다.

심유경은 이 제안에 응하지 않았다. 대신 왜군의 전력이 만만치 않음을 파악한 명나라는 50일 간의 휴전을 이끌어낸 다음 군대를 준비한다. 1593년 1월 7일 서양식 화포로 무장한 명군과 조선의 연합군이 평양성 전투에서 일본군을 대파한다.

이 전투를 기점으로 전세가 역전됐다. 바다에서의 이순신 장군의 연전연승과 팔도에서 의병들이 일어서면서 전쟁의 양상이 바뀌기 시작한 것이다. 이에 조선 조정은 명군이 일본을 몰아내고 전쟁을 종식시킬 수 있겠다는 장밋빛 기대를 가지게 된다. 하지만 곧이어 벌어진 파주 벽제관 전투에서 명군이 일본에 참패하게 되면서, 더 이상 전진하지 않고 일본과의 전투를 피하는 형국이 벌어진다.

명군은 참전의 목적을 이뤘다고 볼 수 있다. 명목상의 출병 이유는 조선을 구한다는 것이었지만, 실질적으론 명의 본토인 북경과 요동의 위협을 제거하기 위한 출병이었다. 고니시군과 가토군이 한양 부근까지 내려간 상황에서 더 이상 전투를 통해 병력 손실을 입는 것보다 휴전협정을 통해 상황을 정리하는 것이 유리하다고 판단하게 된 것이다. 조선으로서는 군 지휘권을 가진 명나라가 이토록 다른 생각을 하고 있다는 건 참 아쉬운 대목이다.

명과 일본의 협상 과정에서 조선은 완전히 배제됐다. 〈징비록〉에 의하면 류성룡은 일본과 화의를 하려는 명나라 장수 이여송을 몇 차례 찾아가 일본을 바다 바깥으로 몰아내 달라고 요청했다. 하지만 이여송은 명의 결정에 반하는 요청을 하는 류성룡에 곤장을 치려고 했다. 한 나라의 영의정에게 모욕을 준 사건으로 〈징비록〉은 이렇게 기록하고 있다.

"나는 그저 눈물을 흘릴 뿐 아무런 말도 할 수가 없었다."

휴전협상을 통해 왜군은 울산에서 순천에 이르는 남해안 지역에 성을 쌓고 장기주둔으로 형세가 바뀌었다. 일본으로 철수한 것이 아니라 남해안으로 철수를 한 것이다. 또한 명군은 대다수가 요동으로 철수했다.

임진왜란을 통해 우리는 자력으로 나라를 지킬 능력이 없는 상태에서 강대국의 참전은 전쟁 주도권과 민족의 운명을 모두 잃는 비극을 낳을 수 있음을 깨달았다. 내가 속한 공동체의 힘이 약하면 언제든지 이렇게 불리한 입장에 처할 수 있다는 것이다. 약자의 주장보다는 강자의 주장이 더 관철되기 쉬운 것이 세상사다. 국가 간의 관계뿐 아니라 사회라는 조직에서도 마찬가지다.

일방적으로 도움을 요청하는 관계에서 동등한 입지를 확보하는 건 어려운 일이다. 상대방과 힘의 균형이 맞을 때 상대방과 대등한 관계를 형성할 수 있다. 때문에 힘의 균형이 맞지 않는 상대와 힘을 합쳐 연합해야 할 때는 더 큰 지혜가 요구된다. 장군이 명나라 수군과 연합해야 하는 시점에서 진린 도독에게 했던 행동은 참으로 지혜로운 리더의 모습이었다.

비열한 리더십의 전형, 선조

선조, 명군(名君)의 자질을 갖추다

조선왕조 27명의 왕 중에서 가장 무능한 왕으로 역사학자들은 선조와 인조 그리고 순조를 꼽는다. 41년이라는 긴 세월을 통치한 선조에게 7년 간의 임진왜란은 그를 평가하는데 빼놓을 수 없는 가장 중요한 시기이며 군주로서 치명적인 오점을 남긴 시간이었다. 왜군의 침입에 국가와 백성을 지키지 못한 엄중한 책임을 묻지 않을 수 없다.

선조가 처음부터 무능하고 책임감 없는 왕은 아니었다. 즉위 초만 하더라도 안정적인 국정 운영을 위해 노심초사 고민하고 공부했으며, 훌륭한 인재를 등용하기 위해 노력했다. 하지만 태생적 한계를 극복하지 못하고 정국의 어려움을 겪으면서 달라지게 되었다.

선조는 조선왕조 최초로 서자 출신으로 왕위에 오른 국왕이었다. 방계 혈통의 왕족이 운이 좋게 왕에 오른 것이다. 선조의 아버지 덕흥군은 중종의 아들이지만, 후궁 창빈 안씨의 소생으로 서자였던 것이다. 덕흥군은 아들 셋을 두었는데 첫째 하원군, 둘째 하릉군, 그리고 셋째 하성군인데 그가 바로 선조다. 11대 왕 중종의 후계를 이어받은 인종은 왕에 오른 지 8개월 만에 병사한다. 인종이 사망하자 계모인 문정왕후가 정권을 잡고 자기 아들을 왕으로 세운다. 그가 바로 12세의 어린 명종이었다.

1557년(명종 12년) 명종은 자신의 장남 순회세자를 이른 나이인 7세에 세자에 책봉했다. 순회세자는 왕실의 기대를 한 몸에 받았지만, 병에 걸려 13세의 나이로 요절하고 만다. 이후 명종은 아들을 낳지 못했고, 다른 왕손들 사이에서 후계를 정해야 하는 상황이 되었다.

전해지는 바에 따르면 명종은 여러 왕손 중에서 덕흥군의 셋째아들인 하성군을 많이 아꼈다고 한다. 하루는 명종이 여러 왕손을 모아놓고 자신의 익선관(왕의 모자)을 써보라고 명령했다. 왕의 명령에 왕손들은 저마다 한 번씩 익선관을 머리에 써 보았지만, 웬일인지 하성군만 익선관을 쓰지 않았다.

"하성군. 그대는 왜 명을 따르지 않는고?"

"전하, 분부를 거두어 주시옵소서. 차마 전하의 명을 받들 수 없나이다."

"이유가 무엇인고?"

"전하. 익선관은 오직 전하만이 쓰실 수 있는 관이옵니다. 아무리 전하의 명이 있다 하여도 감히 받들기 어려운 분부이옵니다."

이 일을 계기로 명종은 하성군을 한층 더 총애하게 됐다고 한다. 하지만 명종이 명을 내려 하성군을 후계로 세운 것은 아니었다. 명종은 숨을 거두는 순간까지도 이를 결정하지 못했다. 그래서 하성군이 명종의 뒤를 이은 것은 명종의 부인인 인순왕후의 생각이라고 보기도 한다. 세자를 세우지 못한 왕을 대신해 왕후는 왕이 평소에 하성군을 아껴서 후계자로 생각했다고 말했고, 이에 하성군이 국왕의 자리에 오르게 된 것이다. 인순왕후가 하성군을 지목한 이유에 대해 명확하게 밝혀진 바는 없지만, 어린 임금이 왕위에 오르면 대비가 수렴청정하게 되는데 그것이 자신의 가문 번영에 유리하다고 보았을지도 모른다.

하성군은 16세의 나이에 조선의 14대 임금이 된다. 그가 선조이다. 선조가 명군의 자질이 있다고 평가하는 것 중 가장 큰 요인은 학문적 소양을 갖췄기 때문이다. 선조는 당대에 조선을 대표하는 대학자들을 많이 등용한다. 이이, 류성룡, 이산해, 오성과 한음의 이항복과 이덕형, 정철, 성혼, 이원익, 노수신, 박순, 기대승, 윤두수 등 뛰어난 인재들의 재능을 알아보고 등용한 것은 선조의 업적 중에 가장 큰 업적으로 보고 싶다.

또한 선조가 이순신을 핍박만 했던 건 아니었다. 장군이 부친상을 당한 후 관직에서 물러났을 때 3년 탈상을 하자마자 장군을 종4품 만호로 크게 승진 발탁했고, 임진왜란 직전인 1591년 2월에는 당시 정읍현감(종6품)이었던 장군을 전라좌수사(정3품)로 임명했다. 특히 전라좌수사 임명에 대해서는 신하들이 지나친 파격 승진이라며 반대했지만, 주장을 굽히지 않았다. 왜란 직전에 장군을 전라좌수사로 임명했던 건 그야말로 신의 한 수였다. 장군이 전라좌수사로 임명되지 않았다면, 전쟁 초기부터 장군이 호남 곡창 지대를 사수하고 왜군의 북진을 저지하는 것이 어떻게 가능했겠는가. 선조가 인재를 알아보는 안목이 있었음을 볼 수 있는 대목이다.

붕당정치가 시작되다

선조는 즉위 초 안정적으로 국정을 운영했다. 비록 인순왕후의 수렴청정을 받았지만 어린 선조에겐 힘이 됐고, 국정의 주도권을 쥔 훈구파와 새롭게 정계로 진출하려는 사림파 모두에게 지지를 받았다. 선조는 어린 나이였지만 양쪽 세력을 잘 견주며 노련하게 국정을 운영했다. 예를 들면 훈구파가 의정부의 중요 요직을 차지하고 있었지만, 사림파를 삼사(조선 시대 언론을 담당했던 기구로 사간원, 사헌부, 홍문관을 말한다)의 중요직에 임명하면서 훈구파의 견제세력으로 키워나간다. 그러면서 사림파를 이용해 인순왕후의 수렴청정 중단 여론을 이끌어내 1년 뒤 수렴청정을 종식시키고 자신의 친정체제를 갖춘다. 그제야 비로소 진짜 왕이 된 것 같이 느꼈을 것이다.

선조는 자신의 즉위를 반대했던 좌이정 신통원을 사림파를 이용해 제거한다. 그러면서 사림파를 중용한다. 기묘사화(중종 때 훈구파에 의해 조광조 등의 사림파가 숙청된 사건) 때 숙청당한 사림파의 정치적 스승인 조광조를 영의정에 추증하고, 을사사화(명종 때 윤원형 일파가 윤임 일파를 숙청했던 사건. 이때 사림도 크게 피해를 입었다) 때 숙청당한 사림들을 복권했다. 그것은 선조가 성리학(주자학)을 확고한 통치 이념으로 선택하고 훈구세력을 정리하겠다는 의지를 보여준 것이다.

조정을 장악한 사림들은 시간이 지날수록 붕당(朋黨)을 형성했고 선조는 붕당을 이용해 양 세력을 견주며 왕권강화를 도모했다. 이 붕당의 시초가 우리가 잘 아는 동인과 서인이다. 그 계기는 비교적 사소한 사건이었다.

선조 8년 김효원(金孝元)이 이조전랑(정5품. 인사를 담당하는 권한이 막강한 직)에 천거되는데, 인순왕후의 동생이었던 심의겸이 김효원의 자질을 문제 삼아 반대했다. 그러나 결국 김효원이 이조전랑에 오르고 얼마 후 자리를 옮기는데, 그 후임으로 천거된 자가 심의겸의 동생 심충겸이었다. 이번엔 김효원이 반대에 나섰다. 왕실의 외척이 인사권을 가진 이조전랑의 자리에 오르는 것은 잘못된 일이라고 말이다.

이 일이 커지면서 동인과 서인이라는 붕당이 형성되었다. 김효원의 집이 도성 동쪽의 건천동(현재 인현동)에 살고 있었기에 그를 지지하는 사람을 동인이라 불렀고, 심의겸의 집이 도성 서쪽인 정릉방(현재 정동)에 살고 있었기에 그를 지지하는 세력을 서인이라 불렀다. 양 진

영의 대립은 결국 율곡 이이의 중재로 일단락된다. 서인의 스승격인 이이였지만, 정치적 중립을 지켜왔던 탓에 양쪽 모두의 신임을 받을 수 있었다.

선조 이전에도 신하들 간의 정치적 대립은 항상 있어 왔다. 하지만 선조 때부터 붕당이 본격화됐고 치열하게 싸웠다. 붕당정치는 장점도 있지만, 때로는 수많은 인재를 죽음으로 몰고 간 비극을 만들기도 했다. 선조는 붕당을 이용해 권력의 주체를 이쪽저쪽으로 옮기면서 자신의 권위를 지켜나갔다.

백성을 버린 왕

선조는 유학을 장려하고 좋은 인재를 알아볼 줄도 알았지만, 7년 전쟁에서 드러난 그의 리더십은 낙제점이었다.

일본을 다녀온 통신사(외교사절) 일행의 보고는 상반됐다. 서인 출신의 정사 황윤길은 일본이 조선을 침략할 것이라고 말하고, 동인 출신의 부사 김성일은 일본이 침략하지 않을 것이라고 보고한다. 조선 조정은 전쟁을 대비할 필요가 없다는 결론을 내리고 만다. 아마도 선조와 조정은 전쟁이 일어날 것이라고 가정하기가 싫었겠지만, 이는 조선을 비극으로 이끈 뼈아픈 결정이었다.

전쟁의 가능성이 단 1%라도 보였다면 나라와 백성을 위해 충실히 대비했어야 했다. 하지만 선조와 조정은 국제 정세에 어두워 일본이 대군을 파견할 수 있을 거라고는 생각하지 못했다. 결국 선조의 나태한 결정으로 조선의 백성은 너무나 아픈 7년을 보내야 했다.

1592년 4월 13일, 부산포로 상륙한 왜군은 20일만에 한양을 점령한다. 선조는 조선 왕으로는 최초로 파천했다. 한양을 떠나 평양으로, 다시 의주로 조정을 옮겼다. 평양에 있을 때 공빈 김씨의 둘째 아들 광해군을 세자로 삼아 분조(조정을 둘로 나누는 일)를 명해 함경도로 보냈다. 왜군의 계속된 북진으로 의주에서 더 이상 피할 곳이 없었던 선조는 명나라로 건너가 살겠다는 요동내부책을 거론한다. 왕이 백성을 버리고 피난 간 것도 모자라 명나라로 망명하겠다는 의지를 내보인 것이다. 참으로 비겁하고 치욕적인 우리의 역사이며 선조의 모습이었다.

명나라의 참전 후 평양성을 탈환하고 다시 한양을 수복한 후에도 선조는 성난 민심을 바라보지 않았다. 오랜 전쟁으로 지친 백성들을 부역으로 고단하게 하고, 군수용이라는 명목을 내세워 재산을 회수하는 등 백성들의 원성을 샀다. 이에 백성들은 관청을 습격하고 식량을 나누는 등 민란을 일으켰다. 하지만 선조는 잔혹하게 민란을 진압하고 관련자를 처형했다.

선조는 한때 "조선의 의병은 다 김덕령 아래 모여라."라며 힘을 실어줬던 서른 살의 의병장 김덕령을 민란의 주동자로 잡아들였다. 김덕령은 임진왜란이 일어나자 의병을 모집해서 곽재우('홍의장군'이라는 별칭으로도 유명한 의병장)와 연합해서 왜군과의 전투에서 여러 차례 승리를 거둔 사람이었다. 그러나 민란을 일으킨 주모자와 내통했다는 혐의를 받고 붙잡혀서 20여 일간 혹독한 고문을 받고 장독으로 숨을 거두고 말았다. 그는 죽기 전에 이런 말을 남겼다고 한다.

"나를 역모죄로 죽이지 말고 불효 죄로 죽여달라."

자신은 결코 역모를 꾀하지 않았으며, 다만 의병활동을 하느라 부모를 돌보지 못한 죄는 인정하겠다는 말이다. 김덕령의 억울한 죽음은 목숨을 내놓고 싸우던 많은 의병장에게 큰 충격을 줬다. 의병장 곽재우는 자신도 선조에게 죽임을 당할 것을 두려워해 의병을 해산하고 산으로 들어가 은둔했다고 한다.

임진왜란이 끝난 후에도 많은 의병장이 공을 인정받지 못했다. 의병장들은 자발적으로 재산을 털어서 무기를 장만하고, 의병들을 모집해 훈련을 시켰고, 목숨을 아끼지 않고 싸운 사람들이다. 나라에 모든 것을 바친 의병장들에게 보은하지 않았다는 사실은, 국왕 선조가 얼마나 졸렬한 리더였는지를 보여주는 증거다. 힘을 합쳐 싸워도 모자를 상황에 영웅들을 시기하고 의심하는 선조의 리더십은 국난을 극복하는 데 전혀 도움이 되지 못했다.

선조는 임진왜란을 겪으며 그동안 군주로서 자신이 가졌던 신념과 철학을 완전히 상실했다. 왕으로서의 책임감은 찾아볼 수가 없었다. 오로지 자신의 지위와 권위를 지키기에 급급했고, 끊임없는 의심과 견제로 신하들을 통제했다.

공신 책록으로 자신의 과오를 덮다

7년 간의 전쟁은 조선에 깊은 상처를 남겼다. 백성들의 삶은 가난과 궁핍으로 차마 눈 뜨고 볼 수 없을 지경이었다. 선조는 국가재정을 위해 납속책(중인, 상민, 천민에게 돈을 받고 신분을 격상시켜 주는 제도) 등을 실시해 재정회복을 위해 노력했고 전쟁의 상처를 복구하는 데 집중했다. 어느 정도 안정을 찾은 1604년 선조는 전후 공신을 책봉하는 논공행상을 시작했다. 그러나 공신의 선정은 선조의 계산된 술책이었다. 선조가 얼마나 옹졸한 사람인지를 보여주는 결정적 행위가 된다.

임진왜란에서 공을 세운 공신들은 선무공신(宣武功臣), 호성공신(扈聖功臣), 선무원종공신(宣武原從功臣)으로 구분됐다. 선무공신은 전란 때 큰 공을 세운 장수들로 총 18명이었는데, 이중 1등 공신은 이순신, 원균, 권율로 두 명(이순신, 원균)은 이미 전사한 상황이었다. 2등, 3등 공신 중에서도 사망자가 더 포함돼 있다. 공을 세운 장수 중 생존자들이 많이 제외됐고 의병장들은 여기에 포함되지 못했다. 선조는 칠천량해전에서 대패하고 전사한 원균을 이순신과 같은 1등 공신으로 책봉하며 상대적으로 이순신의 공적을 깎아내리는 치밀함도 잊지 않았다.

반면에 피난 가는 왕을 호위해 따라간 신하들을 호성공신에 다수 봉했다. 단지 왕을 따라서 피난 갔다는 이유로 공신에 책봉되는 게 정당한 일일까. 86명에 이르는 호성공신에는 마구간지기와 내시 그리고 왕의 심부름꾼도 포함돼 있다. 목숨 걸고 전장에서 싸운 선무공신이 단 18명에 그친 것에 비하면 참으로 어이없는 상황이다. 영의정 이항복은 호성공신 1등 공신에 책봉되고 나서 민망함을 이기지 못하고, 전장에서 장수들이 세운 공에도 미치지 못하는데 1등 공신은 과하다며 취소해줄 것을 요청했을 정도였다. 무관보다는 문신 중심이고, 전쟁터보다는 왕과 가까이 있었던 사람들이 더 공로가 있다고 인정받은 것이다.

선무공신과 호성공신을 책봉하고 난 후에 전공을 세운 사람들이 많이 빠졌다는 비판이 이어지자, 선조는 선무원종공신이란 이름으로 무려 9,060명의 사람을 공신으로 봉한다. 이때 앞서의 공신 책봉에서 제외됐던 의병장들과 무관들이 포함됐다. 선조의 잣대가 얼마나 주관적이었는지를 보여주는 대목이다.

또한 선조는 임진왜란에서 승리한 공을 명나라에게 돌렸다. 조선의 의병이나 이순신을 비롯한 장수들에 공을 돌리지 않고 명나라의 원군 때문에 국난을 극복했다고 해야, 본인이 백성을 버리고 파천한 일이나 명나라로 망명하겠다고 한 자신의 과오를 조금이라도 감출 수 있기 때문일 것이다. 이 상황에 대해서 사관은 이렇게 기록했다(《선조실록》, 선조 37년 6월 25일).

"공신을 세워 상을 주는 것이 어찌 이처럼 구차한 데에 쓰려고 한 것이겠는가(丹書鐵券之設, 初豈若此之苟也)."

이순신의 사람들

이순신 장군은 임진왜란이라는 조선 최대의 위기 속에서 탁월한 능력을 발휘해 나라를 구했다. 그의 놀라운 리더십은 많은 학자들로부터 연구 대상이 되고 있다. 그가 수백 년을 뛰어넘어 여전히 존경받는 이유는 모든 전투에서 이긴 능력뿐만 아니라 정직하고 청렴하게 자신의 직분을 감당하였고 나라와 백성을 사랑하고 막중한 책임감을 가진 사람이었기 때문이다. 이러한 면면들이 우리에게 감동으로 다가오기에 충분하다.

하지만 그도 인간이기에 모든 것을 혼자 다 한 것은 아니었다. 강인한 책임감과 능력을 발휘해 국난극복에 역할을 담당한 이순신의 사람들을 이해할 필요가 있다. 권준, 어영담, 배흥립, 정운, 이순신(동명이인), 김완, 나대용, 송희립, 정걸, 유형, 류성룡, 정언신, 정탁 등 모두

13명이다. 전장에서 함께 싸운 장수들도 있고, 조정 대신으로 장군에게 도움을 줬던 사람도 있다. 앞의 다섯 명은 이순신의 핵심참모라고 일컬어지는 장수들이다.

이순신에게는 다수의 부하장수가 있었지만 다섯 명만 선정한 것은 1592년 9월 11일 자 〈임진장초〉(1592년 이순신 장군이 전라좌수사로 있을 때부터 1594년 삼도수군통제사를 겸직했을 당시의 상황을 기록한 장계 초안)의 기록을 토대로 한 것이다.

1592년 9월 1일 부하장수 정운이 부산포 전투에서 전사했다. 그러자 장군은 이를 안타까워하며 정운의 위패를 이대원 사당(조선 중기에 왜적과 싸우다 전사한 무신 이대원의 사당으로, 전남 여수 손죽도에 있다)에 배향해 줄 것을 선조에게 요청하기 위해 승정원으로 장계를 보냈다. 내용은 이러했다.

> "녹도만호 정운은 책임감이 강하고 지략과 용맹을 겸비해 함께 상의할만한 장수였습니다. 왜란이 일어나 나라를 위해서 제 몸을 아끼지 않고 힘써 전장을 지키는 일에 매진해 신이 믿는 사람은 오직 정운 등 두세 명이었습니다."

장계에는 이러한 내용도 들어 있었다.

> "권준, 이순신, 어영담, 배흥립, 정운 등은 여러 장수 중에서도 특별히 강한 신념으로 죽음을 두려워하지 않고 모든 일을 같이 의논

하고 계획을 세우기도 하였습니다. 그리하여 권준 이하 여러 장수는 모두 당상관으로 승진되었으나, 오직 이순신(李純信)만이 임금의 은혜를 입지 못하였습니다. 이에 조정에서 이순신에 상을 내리시기를 엎드려 기다립니다."

이러한 장계의 내용으로 볼 때 위에 언급된 다섯 명의 장수는 장군에게 크게 도움이 된 사람들이었고, 전장에서의 공도 컸음을 알 수 있다.

• **권준**(權俊, 1541~1611) : 문관 출신으로 전라 좌수영의 2인자가 되다

이순신 장군은 45세 때인 1589년 2월 전라순찰사 이광의 군관 겸 조방장(종4품, 오늘날의 참모장 정도의 직책)으로 발탁됐다. 그 후 같은 지역의 순천부사(종3품) 권준을 처음 만나게 된다. 권준은 조선 초기의 대학자이며, 정몽주의 제자인 양촌 권근의 후손으로 문과에 급제해 여러 벼슬을 했다.

1591년 전라좌수사가 된 장군은 권준과 자주 교류하며 유사시 그를 수군의 중위장(中衛將, 직급이 아닌, 보직을 의미한다. 전투 시 좌위, 우위, 중위, 전위, 후위 등을 구성해 전투대형을 만들게 되는데 이 중 가운데인 중위(衛)를 말한다)으로 기용하려는 생각을 가졌다. 하지만 순찰사는 권준을 육군으로 발령 냈고, 이에 대해 장군은 아쉽게 생각했다(임진년 2월 29일 난중일기의 기록).

그러다가 권준은 임진왜란 당시 이순신 휘하에 배속돼 전라 좌수

군의 중위장으로 활약했다. 1차 출전인 옥포해전 때는 육군 소속이라 출전하지 못했지만, 나중에 장군의 휘하에 배속되면서 사천해전, 한산해전, 부산포해전에서 조선 수군의 연승에 주역이 된다. 권준은 참여하는 전투마다 공을 세우는 등 능력을 인정받아 원균에 이어 경상우수사가 됐다.

이후 이순신이 삼도수군통제사에서 파직되고 원균이 통제사가 되자 사직했다. 이순신의 사람으로 원균 휘하에서 지휘관으로 활약하기가 쉽지 않았을 것으로 보인다. 경상우수사에서 사직 후 바로 나주목사가 됐고, 칠천량해전이 끝난 뒤인 7월에 충청도 수군절도사가 됐다. 임진왜란이 끝난 1599년에는 경기방어사가 돼 수원성 방비를 위한 계획을 세웠으며, 1600년 선조의 어명으로 제주에서 진상된 말을 하사받는 영광을 누렸다.

1601년에는 충청병사에 임명됐고, 1604년(선조 37년) 선무공신 책봉 시 임진왜란에서의 전공을 인정받아 18명 중에 3등에 책록되었다. 1611년에 사망했다.

• **어영담**(魚泳潭, 1532~1594) : 바닷길의 달인으로 최고의 공을 세우다

경상도 함안 출신의 무장으로, 무예에 능통했고 지략도 뛰어난 다재다능한 인물이었다. 그 재능을 인정받아서인지 과거도 치르지 않고 여도만호에 임명됐다. 그는 바다 사람으로 영남의 바다를 자기 집 앞마당을 내다보듯 하였다. 깊은 바다와 얕은 바다를 구분할 수 있었고 섬의 지형과 형태, 식수를 얻을 수 있는 장소를 중심으로 군대가 주둔

하기 좋은 장소 등 전투에 필요한 모든 것이 머릿속에 들어 있었을 만큼 해전에 특화된 사람이었다.

〈난중잡록〉(의병장 조경남이 기록한 임진왜란 때의 야사)의 기록을 보면, 어영담의 공이 매우 컸는데 선무공신에 봉해지지 못해서 영남 지역 사람들이 모두 아쉬워했다고 한다. 해전에서 그의 역할은 상당히 컸다. 어영담은 임진왜란 당시 광양현감으로 이순신 휘하에서 물길의 길잡이로 활약했을 뿐 아니라 함대의 지휘관으로서 전공을 세웠다. 특히 임진왜란 초기 경상우수사인 원균의 구원요청을 받은 적이 있었는데, 당시 이순신 장군은 경상도 해역의 지형과 해로를 잘 몰랐다. 이때 경남 여러 진에 근무해 경남 해로에 밝은 어영담이 길잡이 역할을 해 이순신 함대가 무사히 출동할 수 있었다.

1593년 어영담이 광양현감직에서 파직된 후 이순신 장군은 조정에 장계를 보내 어영담을 자신의 조방장으로 임명해줄 것을 요청했을 정도로 장군에게 꼭 필요한 사람이었고, 그 후로 계속 장군과 함께 해전에 참여할 수 있었다. 하지만 다음 해인 1594년 전염병에 걸려 병사하고 말았다. 어영담의 복권을 위해 두 번이나 조정에 장계를 보낼 만큼 그를 아꼈던 이순신 장군이 그의 죽음에 대해 많이 슬퍼하고 상심했다는 기록이 〈난중일기〉에도 기록돼 있다. 장군에게 꼭 필요한 참모요, 동지였던 사람이었다.

• **배흥립**(裵興立, 1546~1608) : 조선 수군의 재건을 위해 장군과 함께하다

1546년생으로 장군보다 1살이 적은 배흥립은 이순신 장군의 핵심

참모 5명 중 한 명이다. 흥양현감으로 있을 때 임진왜란이 발발해 전라좌수군의 전부장으로 전투에 참여했다. 이순신을 보좌해 옥포, 합포, 적진포 등의 1차 출전에서 전부장으로, 사천, 당포, 당항포, 율포의 2차 출전에서는 후부장으로 참여해서 많은 공을 세웠다. 조선 조정은 이 공을 높이 사서 배흥립에게 정3품 통정대부의 직을 부여했다. 이후 정유년에는 경상우수사까지 승진했으나 사간원의 탄핵으로 조방장으로 좌천됐다.

그해 일어난 칠천량해전에서 후퇴한 그는 이순신의 삼도수군통제사 재임명과 함께 수군 재건에 힘을 보탠다. 그리고 명량해전에서 큰 공을 세운다. 장군이 조정에 보낸 장계를 보면 우수사 김억추, 거제현령 안위, 조방장 배흥립 등과 함께 판옥선을 이끌고 진도 벽파정에서 적과 싸워 승전했다는 내용이 있다. 이를 보면 명량해전에서의 그의 공이 매우 컸음을 알 수 있다.

배흥립은 임진왜란이 끝나고 1600년 경상우수사가 됐다가 1601년 전라좌수사로 자리를 옮겨 수군 지휘관으로 자리를 굳혔다. 또한 1604년 무관으로는 보기 드물게 공조참판이 되기도 한 그는 1607년 영흥대도호부에 총관으로 부임했다가 이듬해 병으로 사망한다.

• **정운**(鄭運, 1543~1592) : 조선의 오른팔 부산포에서 잠들다

전라도 영암군(현 해남군) 출신으로, 장군보다 두 살이 많은 정운은 어릴 적부터 '절개를 지켜 나라에 충성해 은혜를 갚는다.'는 뜻의 정충보국(貞忠報國)을 패도(佩刀)에 새겨 스스로를 무장했다고 한다. 1570년

무과에 급제해 여러 보직을 거치다가 임진왜란이 일어나기 전 해에 녹도만호가 됐다.

전쟁 초기 경상우수사의 원군 요청이 있었을 때 왜군의 기세가 강해 원병 출전을 주저하는 의견이 많았는데, 정운은 "전라도만 우리 땅인가. 경상도도 우리 땅이다."라며 경상도로 출전할 것을 강력히 주장했다. 첫 전투인 옥포해전부터 후(後)부장으로 전투에 참여해 큰 공을 세웠고, 9월 1일 우(右)부장으로 참전한 부산포해전에서 몸을 사리지 않고 선봉에서 싸우다가 적의 총탄을 맞고 전사했다.

그의 죽음에 대해 이순신 장군은 "조선이 오른팔을 잃었다(國家失右臂矣)."며 슬퍼했고, 그를 이대원 사당에 배향해주기를 청하는 장계를 올렸다. 오늘날 부산포해전의 승리를 기념해 9월 1일을 '부산 시민의 날'로 지정해 기념하고 있다. 일찍 아버지를 여의고 홀어머니를 극진히 모신 효자로서 문무의 도리에 밝았으며, 강직하고 청렴했고, 여색을 탐하지 않고 심신 수양을 게을리 하지 않았다. 어찌 보면 이순신 장군과 비슷한 면이 많은 사람이다. 그래서 장군이 더 아끼지 않았을까 한다.

• **이순신**(李純信, 1554~1611) : 목숨을 걸고 적을 한산으로 유인하다

전라 좌수영에는 이순신(李舜臣) 장군과 동명이인(한자 이름은 다름)인 또 다른 이순신이 있었다. 이순신(李純信)은 양녕대군의 후손으로 왕족이며, 지금의 경기도 시흥에서 태어났다. 25세에 무과에 급제한 후 여러 관직을 경험한 후 1592년 1월 전라 좌수영의 방답진 첨사로 부임하면

서 장군의 오른팔이 되었다. 〈난중일기〉에 보면 이순신(李純信)이 방답 첨사로 부임한 이후 군대의 기강이 바로 서고 전투준비가 잘 되는 것을 보고 장군이 아주 흐뭇해했다고 기록되어 있다.

이순신 장군의 중위장이 되어 옥포, 당포, 견내량, 안골포 등 출전하는 전투마다 많은 공을 세우며 활약하였다. 한산해전 당시 좁은 견내량을 피해 적을 한산도 앞바다로 유인하기 위해 5~6척의 판옥선이 적진 깊숙이 들어가는 위험한 임무를 맡아 훌륭히 수행한다. 이순신(李純信)의 유인작전에 걸려든 왜군을 한산도 앞바다에서 학익진으로 대파할 수 있었다. 1597년 칠천량해전의 패배 후 이순신 장군이 삼도수군통제사에 복귀하자 재빠르게 장군의 휘하로 합류했다. 경상우수사가 된 이순신(李純信)은 노량해전에서 이순신 함대의 중위장으로 활약하며 필사적으로 싸웠다. 그 전투에서 충무공이 전사하고 난 후 군사를 수습해 노량해전의 마무리를 이끌었다.

임진왜란이 끝나고 명의 수군 제독인 진린이 충무공의 뒤를 이을 통제사로 이순신(李純信)을 천거하기도 한다. 이후 충청수사, 전라방어사, 전라병마절도사 등 고위직 무관으로 복무하다 광해군 3년, 1611년에 58세의 나이로 사망했다. 인조는 그를 좌찬성(조선 시대 의정부의 종1품 관직)에 추증하고 1679년(숙종 6년)에는 무의(武毅)라는 시호를 제수받았다.

*이상의 다섯 장수가 장군의 핵심참모라 할 수 있다.

• 김완(金浣, 1546~1607) : 탁월한 수완으로 병사들을 배부르게 하다

경북 영천 출신으로, 1577년(선조 10년) 무과에 급제하고, 1591년 전라 좌수영 소속 사도첨사(첨사는 첨절제사(蛇渡僉事)이 준말)가 됐다. 임진왜란이 발발하자 옥포와 당포에서 우척후장(右斥候將)으로 활약했고, 한산도와 부산포에서는 척후장으로 활약하며 전공을 세웠다. 김완은 이순신 함대의 주요 해전에서 이처럼 수많은 공을 세운 것을 인정받아 절충장군(折衝將軍)에 올랐다.

1597년 정유재란 당시 이순신 장군이 통제사에서 파직당하고 원균이 삼도수군통제사가 됐을 때 이순신의 사람들이 대부분 교체되었는데, 김완은 물러나지 않고 원균 휘하의 조방장으로 칠천량해전에 참가했다. 그가 이순신 장군에 이어 원균의 신임도 받은 것은 아마도 그의 사교성 있는 성품과 태도가 영향을 미친것으로 보인다. 칠천량해전에서 부상을 입고 일본의 포로가 돼 항복을 종용받지만, 끝내 굴복하지 않았다. 1598년 초 우여곡절 끝에 탈출에 성공한 그는 조선으로 돌아와 끝까지 절개를 지킨 공을 인정받아 함안군수의 보직을 받고 1606년에는 선무공신에 책록된 후 1607년 고향인 영천에서 사망한다.

〈이충무공전서〉에는 김완의 활약에 대한 기록이 있다. 군사들에게 용기를 북돋는 능력이 탁월했고, 장사 수완도 뛰어나 생선과 소금을 잘 팔아 군사들의 양식을 잘 비축해 군사들을 배고프지 않게 한 공이 매우 컸다고 한다.

• **나대용**(羅大用, 1556~1612) : 거북선을 설계하고 제작하다

전남 나주 출신으로 1583년(선조 16년) 무과에 급제해 훈련원 봉사

등을 지냈으나 관직에 뜻이 없어 낙향해 지냈다. 그러다가 1591년(선조 24년) 전쟁이 임박함을 듣고 전라좌수사인 이순신을 찾아가 거북선의 우월성에 대한 견해를 밝혔다. 처음 만남으로 나대용의 재주를 알아본 장군은 그를 전라 좌수영의 전선을 건조하는 군관으로 임명했다.

아무도 관심을 가져주지 않던 나대용의 군선 정보에 이순신 장군은 귀를 기울였고, 그에 힘을 얻은 36세의 젊은 나대용은 거북선 제작에 착수해 뜨거운 열정을 발휘한다. 1년 간의 연구와 제작에 힘을 쏟아 1592년 3월 27일 임진왜란을 며칠 앞두고 드디어 거북선이 완성되었다.

나대용이 거북선의 설계와 제작을 주도했다고 알려져 있지만, 이를 뒷받침하는 사료가 부족하기에 이의를 제기하는 학자들이 있다. 하지만 나대용이 임진왜란 이후 창선(鎗船, 나대용이 만든 군선으로 대형인 판옥선에 비해 중형급이다. 판옥선의 경우 노를 짓는 격군이 100명이 넘지만, 창선은 40여 명의 격군으로 운영됐다), 해추선(海鰍船, 속도가 빠른 쾌속선) 등의 전선(戰船)을 개발했던 것을 보면 그가 바다와 배에 관한 전문가였음은 의심할 바가 없다. 나대용은 이러한 공을 인정받아 당상관에 제수됐고, 1612년에 죽어 고향인 전남 나주시 문평면에 묻혔다.

• **송희립**(宋希立, 1553~1623) : 이순신의 갑옷을 입고 노량해전을 승리로 이끌다

이순신 장군의 직속 군관으로 최측근에서 장군을 보좌했고, 지혜와 용맹을 겸비한 장수로 장군에게 두터운 신임을 받았다. 형인 송대립,

동생인 송정립과 함께 삼형제가 왜란을 맞아 전투에 참가한다. 송희립은 1583년(선조 16년) 별시로 치른 무과에 합격했고, 1591년 이순신 장군 휘하로 들어가 군관이 됐다.

임진왜란 전에는 바다와 배에 관한 전문가였던 나대용과 정걸이 거북선과 판옥선 건조를 주도할 때 송희립도 함께 참여했고, 수군의 교육을 감독하기도 했다. 임진왜란이 발발한 후 장군의 핵심참모로 여러 해전에서 활약하며 용맹을 떨치고 탁월한 전략적 식견도 발휘했다.

전쟁 초기 경상우수사 원균의 원군 요청이 있었을 때 정운과 함께 송희립이 나서서 경상도로 출정할 것을 강력하게 주장했다. 이에 이순신 장군이 힘을 얻어 출정을 결심하게 됐다고 한다. 송희립은 전쟁 초기부터 마지막 해전인 노량해전까지 왜군들과 싸워 많은 공을 세웠으며, 특히 노량해전에서 유탄을 맞고 쓰러진 장군을 대신해 갑옷을 입고 기세를 잃지 않도록 병사들을 독려하며 위기를 수습하는 리더십으로 승리를 이끌어냈다.

전후 송희립의 이러한 공훈이 인정돼 선무원종 일등공신에 올랐으며, 1601년 양산군수와 다대포첨사를 제수 받았고 1611년(광해 4년) 전라좌수사로 임명된다. 그 후 1623년 인조반정이 일어난 그해 71세의 나이로 사망한다.

• **정걸**(丁傑, 1514~1597) : 장군의 멘토가 된 백전노장

임진왜란 당시 78세로, 이순신 장군보다 무려 31살이나 많은 백전

노장이지만 장군의 참모인 조방장으로 활약했다. 은퇴한 장수였으나 나라의 부름으로 후배장수를 보필하며 조언하는 중요한 역할을 한 것으로 보인다.

정걸은 나이만 많은 것이 아니라 경력도 화려했다. 전남 고흥 출신으로 1544년 무과에 급제한 이후 차근차근 경력을 쌓고 수군의 최고 지휘관인 경상우수사와 경상좌수사 그리고 전라좌수사를 역임한 베테랑 장수였다. 정걸은 조선 수군을 막강하게 만든 판옥선과 화공무기인 화전(火箭, 불화살)의 개발에도 큰 공을 세웠다. 은퇴 후 고향에서 노년을 즐겨야 할 화려한 스펙의 백전노장이 장군의 조방장이 된 것은 이순신 장군에게는 큰 행운이었다. 혼란스러운 전장에서 많은 경험과 식견을 가진 퇴역선배를 참모로 두어 많은 조언과 지혜를 빌렸을 것으로 본다.

정걸은 행주산성의 권율 부대에 화살을 공급해 행주대첩에 승리를 도운 공을 세웠고, 고령이지만 지치지 않는 열정으로 충청 수군을 지휘해 한양을 수복하는 데도 공을 세운다. 정걸은 왜군과 화의 논의로 전쟁이 소강상태에 있던 1595년에 사직하고 2년 뒤인 1597년 83세의 나이로 병사했다.

• **유형**(柳珩, 1566~1615) : 이순신의 후계자로 평가받다

1592년(선조 25년) 임진왜란이 일어나자 의병장 김천일의 휘하에 들어가 활약했고, 이어 선조가 피란한 의주의 행재소(임금이 왕궁을 떠나 임시로 머무는 곳)에서 선전관(宣傳官, 왕을 시위하는 무관)이 되었다.

29세인 1594년 무과에 급제한 후 선조에게 탐라 말을 하사받고 진충보국(盡忠報國, 충성을 다해 나라의 은혜를 갚음)할 것을 맹세하며 등에 새겼다고 한다. 이후 훈련도감에 근무할 적에 좌의정 이덕형이 유형의 자질을 알아보고 해남현감으로 진급시켰다. 해남현감 시절 통제영에 군량이 부족하다는 소식을 듣고 군량미를 지원하면서 장군을 만나게 된다. 이때부터 장군과 유형은 서로를 알아보고 교류가 깊어지기 시작했고 군중의 중대사를 논의하는 관계가 되었다.

1597년 정유재란 때 이순신의 측근에서 수군 재건에 큰 역할을 했다. 백의종군을 마치고 통제사에 재임명된 장군은 병사가 부족해 고민했다. 그때 유형이 인력충원을 위한 제안을 했다. 전쟁을 피해 여러 섬으로 들어간 피난민을 한곳으로 모아 안전하게 지켜주면 가족을 돌봐야 하는 염려를 하던 장정들을 수군으로 편입시킬 수 있을 거라는 방책이었다. 훌륭한 방책이라고 생각한 장군이 이를 반겼고 실제로 많은 병력을 충원할 수 있었다. 이즈음 장군은 자신의 후임으로 조선수군을 맡을 인물로 유형을 생각한 것으로 보인다. 이순신에게 그런 평가를 받을 만큼 유형은 지략과 용맹을 겸비한 장수였다.

이후 노량해전에선 왜적과 싸우던 중 총탄을 맞고도 적선에 돌진해 싸우는 등 전공을 세워 부산진첨사에 특진됐다. 1600년 경상우수사가 되고, 이후에 5대 삼도수군통제사가 되었다.

• **류성룡**(柳成龍, 1542~1607) : 이순신 평생의 동반자

서애(西厓) 류성룡은 안동 풍산 사람으로, 1542년(중종 37년) 외가인

경북 의성 사촌 마을에서 태어났다. 이순신 장군보다 3년 위이다. 어린 시절을 안동에서 보내고 13세 때 한양의 건천동으로 이사를 와 이순신 장군과 한 동네에서 자랐다. 어린 시절 부친으로부터 학문을 배운 류성룡은 4세 때 글을 깨우쳐 주변을 놀라게 한 천재였다.

21세가 됐을 때 퇴계 이황의 문하로 들어가 제자가 된다. 류성룡을 본 퇴계는 그가 하늘이 내린 인재이며 나라에 큰 인물이 될 것임을 직감했다. 퇴계 이황의 또 다른 제자로 동문수학한 김성일(金誠一, 동인에 속해 있다. 1590년 일본에 통신사 파견 때 부사로 다녀와 도요토미가 조선을 침략하지 않을 것이라고 보고했다)은 스승님이 제자를 칭찬하는 것을 처음 보았다고 놀랐다고 한다.

1566년 25세에 문과시험에 급제하고 28세 때부터 파격적인 승진을 하며 실력을 인정받았다. 류성룡은 자질도 뛰어났지만, 가문과 퇴계의 제자라는 사실도 그를 관직 초기부터 승승장구하게 만들었다.

류성룡의 가장 큰 업적은 무엇보다도 이순신을 발굴해 조선을 위기에서 구하게 했다는 것이다. 임진왜란이 일어나기 1년 2개월 전 정읍현감으로 있던 이순신을 전라좌수사로 천거해 파격적인 인사를 이끈다. 한동네에 살면서 이순신의 패기와 기상을 잘 아는 류성룡은 그가 훌륭한 장수감이라고 오래전부터 생각하고 있었다. 또한 권율을 발탁해 중용한다. 이 모두 그가 사람을 보는 안복이 뛰어났음을 보여준다.

또한 류성룡은 장군과 편지를 통해 지속적으로 교류하며 후원자로서의 역할을 한다. 〈난중일기〉 임진년 3월 5일 자 내용을 보면 한양에 갔던 종 진무가 좌의정 류성룡의 편지와 〈증손전수방략〉을 가져왔다고 기록돼 있다. 〈증손전수방략〉은 수전, 육전, 화공전 등에 관한 전술이 자세히 기록돼 있는 병법서로, 류성룡이 직접 만든 것이다.

1592년(선조 25년) 류성룡이 51세 때 임진왜란이 발발했다. 그는 병조판서 겸 영의정이 됐고, 이후 군사업무를 총괄하는 삼도 도체찰사(都體察使)의 직책을 맡아 훈련도감을 설치하며 군대를 체계적으로 편성했다. 7년 전쟁의 조선 총사령관으로 역할을 했다 해도 무방하다. 이후 북인 세력의 탄핵을 받아 영의정에서 파직돼 고향으로 낙향했다. 이후 관직이 다시 회복돼 왕의 부름이 있었지만 거절하며 고향에 은둔해 임진왜란의 회고록인 〈징비록(懲毖錄)〉을 저술했다.

이순신의 멘토이자 선배로서 끊임없이 교류하며 이끌어준 류성룡이었지만, 한 가지 큰 아쉬움이 남는 것은 이순신의 최대 위기의 순간에 도움을 주지 못했다는 것이다. 1597년 왕명을 거역한 죄로 삼도수군통제사에서 파직돼 옥고를 치를 때 많은 사람이 이순신을 구명하기 위해 노력했으나, 류성룡은 목소리를 내지 않았다. 〈징비록〉에 "이순신을 내가 천거했으므로 반대파가 원균의 편에 서서 이순신을 더욱 모함했다."는 기록이 있다. 아마 자신이 이순신의 구명에 나서면 이순신이 더욱 위기에 처할 뿐 아니라, 자칫 자신도 위험해질 수 있다는 판단을 한 것으로 보인다. 류성룡은 1607년 66세의 나이로 고향에서 병사했다.

• **정언신**(鄭彦信, 1527~1591) : 이순신의 역량을 알아보고 추천하다

1583년(선조 16년) 니탕개의 난(尼蕩介 – 亂) 때 함경도 도순찰사로 임명

되어 휘하에 이순신을 비롯해 신립, 이억기, 김시민 등을 거느리고 적을 진압했다. 이 장수들은 모두 임진왜란 때 명장으로 손꼽히는 사람들로, 정언신의 사람 보는 안목이 탁월했음을 알 수 있다. 이후 함경도관찰사를 거쳐 병조판서가 됐다. 1589년(선조 22년) 무신을 불차채용(순서를 따지지 않는 특별채용) 하겠다는 비변사(외침에 대비한 대책을 만들기 위해 설립된 기구. 1517년 처음 설치됐고, 이후 의정부의 기능을 대신해 조선 시대 국가의 중요한 일들을 총괄했다)의 계획에 따라 조정의 많은 신하가 역량 있는 무장들을 추천했다. 이때 이순신을 추천한 사람이 정언신이었다. 니탕개의 난을 진압한 총지휘관이자 병조판서로 국방을 책임지는 총책임자가 이순신을 추천했다는 것은, 그만큼 장수로서의 역량을 인정받은 것이다.

정언신은 그해 우의정으로 승진했으나, 9촌 간인 정여립의 모반사건에 연루돼 남해로 귀향을 갔다가 갑산으로 유배지를 옮겨 임진왜란이 일어나기 전 해인 1591년 65세의 나이로 죽었다.

장군은 투옥된 정언신을 보기 위해 멀리까지 문안을 가는 애정을 보였고, 상한 마음으로 돌아왔음을 볼 때 장군과 정언신의 관계가 밀접했고 서로를 아끼는 사이였음을 알 수 있다.

임진왜란이 발발하고 조선군이 속절없이 패퇴하며 한양까지 빼앗기게 되자 병조판서 황정욱은 "정언신이 살아 있었다면 조선의 영토가 이처럼 처참하게 짓밟히지 않았을 것"이라며 한탄했다고 한다.

• **정탁**(鄭琢, 1526~1605) : 위기의 순간, 이순신을 구하다

경북 예천에서 태어난 정탁은 이황과 조식에게 학문을 배웠고, 류

성룡, 노수신과 함께 '영남 3대가'로 불릴 정도로 학문의 조예가 깊었다. 그런 그의 인품과 학식을 선조도 인정했다고 한다. 예조정랑, 도승지, 대사성, 대사헌, 예조·형조·이조 판서 등을 역임했고, 〈명종실록〉 편찬에도 참여했다. 임진왜란 발발 후 왜군이 북상하자 왕이 한양을 버리고 피난길에 올랐을 때 동행해 의주까지 호종(扈從)했다. 정탁은 이순신 장군이 수군통제사에서 파직된 후 한양으로 압송돼 옥에 갇혔을 때 상소문을 올려 장군의 목숨을 구하는 데 이바지한 사람이다. 1597년 2월 수군통제사에서 파직돼 한성의 의금부에 투옥된 장군은 목숨이 위태로운 상황이었다. 조정에서는 장군을 죽여야 한다는 서인 세력의 상소가 이어지고 있었고, 반면 그의 구명운동에 나선 사람들도 여럿 있었다. 장군과 친분이 있는 동인 계열의 신하들과 이순신과 함께 전장에서 활약한 지휘관들이었다. 그중에서 단연 돋보이는 것이 당시 우의정이었던 정탁의 상소문 신구차(伸救箚, 목숨을 구하기 위한 간단한 형식의 상소문)이다. 평소 바른말을 하는 데 두려움이 없었던 성격의 그는 나라의 장래를 걱정하는 충심을 담아 상소문을 썼다. 신구차의 주요 내용을 요약, 소개하면 다음과 같다.

> 이순신은 큰 죄를 지어 죄명조차 중한데, 임금께서는 바로 극형을 내리시지 않으시는 것은 인(仁)을 베푸시어 그 진상을 밝힘으로써 혹시나 살릴 수 있는 길을 찾으시고자 하심이라 여겨 그 은혜와 덕에 감격할 따름입니다. 이제 이순신은 한 차례 고문을 겪었는데

만일 또 고문을 받게 되면 목숨을 보전하기 어려울 것입니다.

임진년 왜군이 쳐들어왔을 때 신하로서 성을 버린 자가 많았고, 전투에서 진 장수도 많았으며, 조정의 명령조차 제대로 전달되지 못하는 상황이었습니다. 이러한 어려운 때에 이순신은 수군을 거느리고 원균과 더불어 적의 예봉을 꺾으므로 백성들의 근심을 덜고 의사(義士)들의 기운을 돋우며, 적에게 붙었던 자들도 마음을 돌리게 하였으니 그의 공이 참으로 컸습니다.

조정에서는 이를 귀히 여겨 높은 작위인 통제사직까지 내렸던 것이 실로 당연한 것이었습니다. 이순신은 군사들을 잘 다스리고 전투에서 승리해 왜적들이 우리 수군을 두려워하는 당당한 전력을 갖춘 공로가 적지 않습니다. 어떤 이는 이순신이 임진년에 공을 세운 뒤에는 다시는 싸우지 않는다고 말하지만, 신은 그렇게 생각하지 않나이다.

지난 4~5년간 명나라 장수들이 왜와 화친을 주장해 전투를 제대로 할 수 없었으니, 실상은 이순신에게 모든 책임을 돌릴 수는 없습니다.

인재는 나라를 지탱하는 보배이므로 그 재주를 아껴야 합니다. 하물며 장수의 재질을 가진 귀한 인재로서 적을 막아 내는 중요한 직을 맡은 사람을 오직 법으로만 다스릴 수 없습니다.

이순신은 훌륭한 장수의 재질이 있으며 수륙전에도 능통합니다. 이런 인재는 쉽게 얻지 못할 것입니다. 이는 지방 백성들이 원하고 있고 왜군들이 무서워하는 장수입니다. 만일 죄가 중하다고 용서하지 않고, 공과가 있지만 과만 묻고, 또 능력이 있고 없음도 생각지 않고 큰 벌을 내린다면 공이 있는 자도 스스로 더 애쓰려하지 않을 것입니다.
이순신은 사형을 받을 중죄를 지었지만, 바라건대 은혜를 베푸셔서 문초를 덜어 주시고 그로 하여금 공을 세우게 기회를 주시면 임금의 은혜를 부모같이 받들어 목숨 걸고 갚으려는 마음이 생길 것입니다.

신구차의 내용으로 미뤄보면, 선조는 정말 이순신을 죽이려고 마음먹었는지도 모른다. 그를 천거했던 류성룡도 몸을 사릴 정도의 긴장감 도는 상황에서 임금 앞에 나아가 목숨을 걸고 충언이 담긴 상소를 올린다. 이순신의 목숨을 구하면서도, 선조의 자존심을 살리는 지혜로운 명문(名文)이라 하겠다.

이후 정탁은 1599년 병 때문에 벼슬에서 물러났다가, 이듬해에 좌의정, 판중추부사(종1품 관직)를 거쳐 1603년 영중추부사(정1품 관직)의 자리에 올랐다. 1605년 80세의 나이로 사망했다.

400년을 뛰어넘어 일본의 존경을 받는 리더

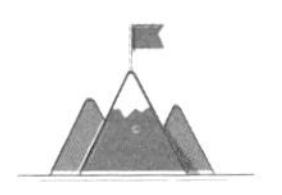

일본의 전쟁 영웅이 이순신을 스승이라 부른 까닭은?

1905년 러일전쟁 당시 러시아의 발틱함대는 그야말로 세계 최강이었다. 그런 막강 러시아함대를 만나 일본 해군이 이길 것이라고 예상한 사람은 없었다. 하지만 일본 해군은 러시아함대를 무찌르고 승리한다. 그 승리의 중심에는 '도고 헤이하치로' 제독이 있었다. 이 전투로 일본을 미개한 작은 나라로만 알았던 유럽의 많은 나라들이 일본의 존재를 비로소 알게 됐다고 한다. 그만큼 일본의 러일전쟁 승리는 일본역사뿐만 아니라 세계적인 관심사이기도 했다. 당시 일본 함대의 총사령관인 도고 헤이하치로(東鄕平八郎, 1848~1934) 제독은 러일전쟁의 승리로 세계적으로 이름이 알려지고, 명장의 대열에 올라서게 됐다. 일본인들에게는 아직까지도 영웅시되고 있는 인물이다.

일본의 저명한 역사잡지인 《역사연구》는 2002년 5월호에서 도고 헤이하치로 제독이 이끈 동해해전을 특집으로 다루면서, 당시 세계 최강이던 러시아 발틱함대를 무찌른 도고 제독의 승리 비밀은 정(丁)자 진법이라고 소개하고 있다. 바로 이순신이 한산해전에서 사용했던 학익진의 응용이라는 것이다. 일본의 근대 해군은 이순신의 조선 수군에서 상당히 많은 영향을 받았다고 한다. 러일전쟁이 일어나기 300년 전 임진왜란 때의 학익진과 러일전쟁에서 사용했던 정(丁)자 진법은 뚜렷한 공통점이 있다. 적이 종렬로 줄지어 다가올 때 적 앞에서 아군의 배를 횡대로 벌려 일자진을 만드는 것이다. 그것이 함포사격의 효율성을 높일 수 있기 때문이다. 이것이 학익진의 핵심이다.

이 창의적인 진법을 해전에서 이순신 장군이 처음으로 사용했는데, 300년이 지난 후 일본의 한 장수가 학익진의 탁월함을 깨닫고 러일전쟁에서 사용하게 된 것이다. 일본인 사학자 후지이 노부오가 쓴 〈이순신 각서〉에 따르면 도고 제독은 그가 아는 한국인 실업가 이영개 씨에게 "당신 나라의 이순신 장군은 나의 스승입니다."라고 말했다고 한다. 바로 자신이 사용한 정자진법이 이순신에게 배운 것이기에 장군을 스승이라 칭한 것으로 보인다. 러일전쟁 승리 후 자신과 넬슨(영국의 해군 제독으로 트라팔가 해전을 승리로 이끈 영국의 영웅)은 비교할 수 있지만, 조선의 이순신과는 비교하지 말라고 할 정도로 이순신 장군을 높이 평가했다.

또한 미 해군 사관학교 생도들이 일본을 방문했을 적에 러일전쟁의 영웅 도고 제독을 만나 가장 존경하는 인물이 누구냐고 질문했다고 한다. 이때 도고 제독은 "조선의 수군을 지휘한 이순신 제독"이라고 말했다. 그로 인해 미 사관생도들이 이순신이 어떤 인물인지 처음 알게 됐다고 전해진다.

이처럼 일본 해군은 적장인 이순신 장군과 조선 수군에게 많은 영향을 받았고, 근대 일본의 해군 사관학교에서는 '이순신 전술전략'이라는 교과목을 가르치기도 했다고 한다.

이순신에게 전쟁 승리를 빌다, 이순신 진혼제

〈이순신 각서〉에는 이런 이야기도 있다. 일제 강점기 때 일본의 해군 사령부(경남 진해 주둔)는 약 40km 떨어진 통영(統營) 충렬사(忠烈祠)를 찾아가 주기적으로 진혼제(鎭魂祭)를 지냈다고 한다. 이것은 일본 해군의 중요 행사 중 하나였다고 하는데, 누구에게 드리는 것이었을까. 바로 이순신 장군이다.

그렇다면 일본 해군은 왜 진해에서 멀리 떨어진 통영 앞바다까지 나가서 제를 지냈을까? 임진왜란 당시 왜군이 대패한 한산해전의 장소였기 때문이다. 그때의 뼈아픈 패배를 기억하며 되새김을 하는 의미인지도 모르겠다.

1905년 5월 27일은 러시아 발틱함대와 일본의 도고 함대가 전투를 벌인 날이다. 도고 함대는 먼 길을 오느라 느슨해졌을 발틱함대에 기습을 가하기 위해 진해만에서 대한해협 방향으로 빠르게 이동했다. 그 과정에 각 전함에서 승리를 기원하는 제를 올렸는데, 그 제단에 모셔진 분이 이순신 장군이었다. 본인들의 지휘관인 도고 제독의 스승이며, 전쟁의 수호신으로 여겨 장군에게 안전과 승리를 기원했던 것이다.

이렇듯 장군은 적국에서도 추앙을 받았다. 도고를 비롯한 일본 해군은 이순신 장군을 한 인간이자 명장으로서 존경했던 것 같다.

리더의 다섯 가지 핵심자질

훌륭한 리더는 조직의 구성원들에게 신뢰와 존경을 받는다. 매사에 모범을 보이고 책임 있는 행동을 하기에 구성원들이 아낌없는 믿음을 줄 수 있는 것이다. 리더십이 무엇이냐는 질문에 대해서 이 세상의 철학자 수만큼 많은 답변이 있다. 리더십을 바라보는 시각에 따라 다양한 의견들이 존재하는 것이다. 여기서는 훌륭한 리더의 자질 다섯 가지에 대해 이야기하고자 한다.

10년 전쯤 삼성전자에서 '지(知), 행(行), 용(用), 훈(訓), 평(評)'을 중심으로 리더십 프로그램을 개발해 달라는 요정을 받았다. 당시 삼성 이건희 회장은 이 다섯 가지를 인재 경영의 중요한 기조로 삼았다고 한다. 고객사의 요청으로 연구를 시작했지만, 시간이 흐르면서 이 다섯 가지가 리더에게 참 중요한 자질이라는 사실을 깨닫게 됐다.

이후 나는 리더십 강의를 할 때마다 지(知), 행(行), 용(用), 훈(訓), 평(評)을 '리더의 자질'이라는 제목으로 전파하게 됐다. 이 책을 읽는 당신도 이 다섯 가지 자질을 가진 훌륭한 리더로 자리매김하길 바란다.

리더의 핵심자질 1 _ 지(知)

리더는 알아야 한다. 적어도 자신이 맡은 분야에서만큼은 후배들을 지도하고 이끌어 줄 수 있는 전문능력이 있어야 한다. 지적 능력을 갖추기 위해서는 나태해져서는 안 된다. 리더로서, 선배로서 끊임없이 부하직원들을 이끌기 위해 부지런히 노력해야 한다. 그것이 리더로서의 자세이며 책임이다. 인간적으로, 도덕적으로 모범이 된다 해도 자신의 분야에서 실력을 인정받지 못하면 후배들은 그를 신뢰할 수 없다. 그냥 '좋은 사람'일 뿐이다.

조직에서는 지위와 역할에 따라 책임이 부여되는데, 리더의 책임 중 하나가 '학습'이다. 리더들이 자신의 경험과 노하우로만 조직을 이끌려고 한다면 한계에 부딪히게 될 것이다. 사회가 빠르게 변화하고 지식의 양은 하루가 다르게 늘어가는데 기존의 경험과 사고로 문제를 해결하기 쉽지 않은 세상이 됐기 때문이다.

앞서 보았듯이 이순신 장군은 끊임없는 학습을 통해 자신을 둘러싼 문제와 환경을 극복하는 원동력으로 삼았다. 예를 들면 전라좌수사로 부임하고 나서 서애 류성룡에게 선물 받은 〈증손전수방략〉이라는 병법서를 탐독하고 연구해서 조선 수군에 맞는 전략전술을 고안해낸다. 장군은 전투마다 그 환경에 맞는 진법과 전략을 활용하여 적을 효과적으로 제압했다. 학습과 연구의 결과를 실전에 투입해 성과를 거둔 것이다. 이순신 장군이야말로 실력과 지혜를 겸비한 지장이라고 할 수 있다.

이 사회는 지혜로운 리더를 원한다. 부지런히 학습하는 리더는 지혜와 함께 분별력을 얻는다. 옳고 그름을 분별할 줄 알아야 바른 판단을 내릴 수 있다. 리더에게 올바른 판단력은 매우 중요한 능력이다. 리더를 디시즌 메이커(decision-maker)라고 부르는 것은 이 때문이다. 다양한 지식과 정보를 꾸준히 분석해두어야 결정적인 순간에 최상의 판단을 내릴 수 있다.

학습의 중요성은 인류 최고의 병법서라 불리는 〈손자병법〉을 통해서도 알 수 있다. 〈손자병법〉에 가장 많이 나온 글자는 '이길 승(勝)'자로, 84회 나온다. 병법서로서 당연히 이기기 위한 방법에 대한 연구가 많을 것이다. 그다음으로 많이 나오는 글자가 바로 '알 지(知)'로, 79회나 나온다.

프랑스의 작가 빅토르 위고는 "사람이 살고 있다는 것은 싸우고 있다는 것이다."라고 말했다. 우리는 알게 모르게 전쟁터 속에서 살아가고 있다. '입시전쟁', '취업전쟁', '경제전쟁' 등 전쟁이라 부를 만큼 치열하고 복잡한 사회 속에서 살아가고 있다. 지혜와 현명함으로 무장하지 않으면 승리하기 힘들다.

"알아야 면장을 하지."

우리가 흔히 입버릇처럼 하는 말이다. 그런데 이 뜻을 정확하게 알고 있는 사람은 많지 않다. 내가 리더십 강의를 하면서 "알아야 면장을 하지."라는 말에서 '면장'이 무엇을 뜻하는지 사람들에게 물어보면, 대부분 시골 면 단위의 우두머리인 '면장(面長)'을 뜻하는 것 같다고 답한다. 인터넷 검색을 해봐도 이런 의미의 설명이 나온다. 설명 자체가 재미있어서 잠깐 소개하도록 하겠다.

일제 강점기 때 한 면사무소에 공문이 왔는데 일본말로 돼 있는 공문을 직원들이 읽을 수 없어 면장에게 보여줬다고 한다. 그런데 일본말에 한문이 많이 포함돼 있어 면장이 한문을 중심으로 유추하길, 봄도 됐고 하니 면을 청소하라는 이야기인 것 같다고 답했다. 이에 대대적으로 청소가 실시됐고, 면사무소의 직원들은 "역시 알아야 면장을 하는구나!"라고 감탄했다는 것이다. 그럴듯한 얘기지만, 이 일화가 "알아야 면장을 하지."의 유래는 아니다. 이 말은 〈논어〉의 양화(陽貨)편에 나오는 '면면장(免面牆)'이라는 말에서 유래된 것이다.

하루는 공자가 자기 아들 리(鯉)에게 이렇게 말했다.

"너는 주남(周南), 소남(召南)을 공부했느냐? 사람이 이것을 읽지 않으면 마치 담장을 마주 대하고 서 있는 것과 같아 더 나아가지 못하느니라."

공부를 열심히 하지 않는 아들을 꾸짖는 내용이다. 면면장(免面牆)은 '얼굴 앞의 담장을 면할 수 있다'는 의미다. 다시 말하면 사람이 공부하지 않고 지식이 부족하면, 얼굴 앞에 벽을 대하고 서 있는 것처럼 앞으로 한 발자국도 갈 수 없고, 벽 너머를 바라볼 수도 없는 상태에 이른다는 얘기다. 공자는 아들에게 사람이 공부를 통해 지식을 가져야 벽에 막히지 않고 앞으로 나갈 수 있다는 교훈을 준 것이다.

이처럼 학습은 늘 성장해야 하고 앞을 내다보는 식견을 통해 조직을 이끄는 리더에게 필수적인 자질이라 할 수 있다.

리더의 핵심자질 2 _ 행(行)

행(行)은 솔선수범, 실천력, 언행일치를 말한다. 행동하는 리더는 남보다 솔선수범하며 말과 행동이 일치하고 실천력이 뛰어난 사람이다. 여기서 말과 행동을 일치시키는 언행일치는 후배들이 리더를 바라보는 매우 중요한 리더십의 기준이다. 기업에서 후배 사원들에게 '따르고 싶지 않은 리더는 누구인가?'란 설문을 할 때면 항상 베스트 3 안에 드는 응답이 바로 '말만 하는 리더'이다. 말은 청산유수인데 막상 행동은 전혀 없는 사람들이 있다. 그런데 그가 우리 팀의 리더라면 어떨까?

미국의 경제잡지인 《포춘(Fortune)》지에 실행력의 중요성에 대한 글이 실린 적이 있다. 그에 따르면, 실패하는 리더의 70%는 단 하나의 치명적인 약점을 갖고 있는데 그것이 바로 실행력의 부족이라고 한다.

내가 따라야 하는 리더가 언행일치가 없고 말만 하는 사람이라면 신뢰를 할 수 있을까? 전적으로 믿고 따를 수 있는가 말이다. 리더가 언행일치하며 솔선수범해서 행동하지 않는다면 누구도 그 사람을 따르며 최선을 다하지 않을 것이다.

기업이나 사회가 발전하기 위해서는 그 앞에 선 리더가 좋은 영향력을 미칠 수 있어야 한다. 그래야 리더가 인도하는 대로 구성원들이 따르고 조직 역량이 한 곳으로 집중되어 성과가 나는 것이다. 보스는 "가라." 하지만, 리더는 "가자."라고 한다는 말처럼 구성원들과 함께 움직이고 행동하는 솔선수범의 리더십이 후배들에게 따르고자 하는 의지를 갖게 한다.

이순신 장군의 솔선수범과 행동하는 리더십은 익히 알려진 바이다. 하루는 달빛이 매우 밝아 부하들은 적의 야습이 없을 것이라고 방심했다. 하지만 장군은 이런 방심을 이용해 왜군이 기습할 가능성이 있다고 판단했고, 만일을 대비하는 자세로 갑옷도 벗지 않고 침소에 들었다. 병사들에게만 경계를 철저히 하라고 명한 것이 아니라 스스로 무장을 풀지 않고 기습에 대비하는 솔선수범을 보인 것이다. 병사들은 적을 경계하는 일에 더 집중할 수밖에 없었다.

2017년 치러진 대통령 선거에서 가장 많이 언급되고 소환된 분이 바로 이순신 장군이다. 후보마다 전 국민이 사랑하는 장군의 어록과 업적을 이야기하며 그 리더십을 닮아 올바른 정치를 하겠다는 약속을 했다. 장군은 죽는 순간까지 "나의 죽음을 적에게 알리지 말라."고 말하며 투철한 책임감과 애국심을 보여줬고 그 행동하는 리더십이 전 국민의 공감대를 얻었기 때문이다.

나는 1965년 월남전을 배경으로 만든 '위 워 솔저스(we were soldiers, 2002년)'라는 영화를 감동적으로 본 적이 있다. 그 영화에는 언행일치를 지키는 행동하는 리더가 나온다. 395명의 전투경험이 없는 부하들을 데리고 죽음의 계곡이라 불리는 적진에 들어가기에 앞서 대대장 무어 중령이 부하들에게 말한다.

“우린 잠시 집을 떠난다. 우리는 언제나 그 자리에 있는 집으로 돌아갈 것이다. 상황을 이해하자. 우리는 강하고 완강한 적에 맞서 적진에 들어갈 것이다. 나는 귀관들이 모두 살아서 집으로 갈 것이라는 약속은 해줄 수 없다. 그러나 귀관들과 하나님께 맹세한다. 우리가 전투에 투입되면 내가 가장 먼저 적진에 발을 디딜 것이고, 맨 마지막에 적진에서 나올 것이다. 그리고 단 한 명도 내 뒤에 남겨두지 않겠다. 죽든 살든 우리는 함께 집으로 돌아올 것이다. 신의 가호가 있기를.”

리더의 솔선수범하는 리더십을 엿볼 수 있는 참 감동적인 내용이었다. 무어 중령은 부대원들과의 약속을 지켰다. 죽음의 계곡에서 전투는 치열했고 많은 사상자를 냈지만, 그는 끝까지 남아 모든 부하의 후송을 지휘하고 맨 마지막으로 철수 헬기에 오른다. 리더가 자신의 역할을 책임감 있게 수행할 때 참 아름답다는 교훈을 얻었다.

당신의 조직은 어떤가? 솔선수범, 실천력, 언행일치의 리더가 있는가? 최고 책임자는 자신의 조직에 어떤 사람들이 있는지를 잘 파악해야 한다. 팀장이나 부장 등 높은 직급뿐 아니라 평사원 중에서도 이런 자질을 갖춘 사람을 찾을 수 있어야 한다. 훌륭한 리더는 팔로워일 때부터 리더의 자질을 풍긴다.

영국의 정치가였던 벤저민 디즈레일리는 이렇게 얘기했다.

"사람이 지혜가 부족해서 실패하는 경우는 적다. 사람에게 늘 부족한 것은 성실이다."

또한 탈무드는 "이미 해버린 일에 대한 후회보다, 하고 싶었던 일을 안 했을 때 후회가 더 크다."라고 말한다. 모두 성실하고 꾸준한 실천력을 강조하는 말들이다.

미국 플로리다 주립대학의 심리학자 앤더슨 에릭슨에 의하면 천재들은 보통 사람들보다 5배 더 많은 시간과 노력으로 위업을 남겼다고 말한다. 예컨대 프로이트는 330건의 논문을 발표했으며, 아인슈타인도 248건의 논문을 발표했다. 볼테르는 2만 1,000통의 편지를 작성했고, 1,093건의 특허권을 갖고 있는 에디슨의 사례를 들어 설명했다. 남보다 앞서 행동하고 말과 행동을 일치하는 것은 성공과 성과의 중요한 조건이라는 사실을 잊지 말아야 할 것이다.

리더의 핵심자질 3 _ 용(用)

'쓸 용(用)'자의 의미대로 사람을 어떻게 쓸 것인가에 대한 것이다. 리더는 인재를 등용하고 적재적소에 잘 배치해야 한다. 기업은 결국 사람이 일으키고 사람이 키워 가기 때문에 인재의 선발과 기용이 매우 중요하다.

여기서 짚고 넘어갈 것은 탁월한 인재만을 뽑으라는 얘기가 아니다. 탁월한 인재들만으로 구성됐다고 해서 그 팀이 좋은 성과를 내는 것이 아니기 때문이다. 팀 시너지를 위해 인재를 어떻게 사용할 것인가를 리더들이 고민해야만 한다.

'아폴로 신드롬(The Apollo Syndrome)'은 뛰어난 두뇌를 가진 인재들의 집단에서 성과가 낮게 나타나는 현상을 말한다. 영국의 경영학자 메러디스 벨빈(Meredith Belbin)이 〈팀 경영의 성공과 실패〉(우리나라에서 〈팀이란 무엇인가(Management teams)〉라는 번역서로 발간됐다)라는 저서에서 처음으로 설명됐다.

1960년대 말 영국의 헨리 경영대학에서는 팀의 역할 이론을 연구했다. 연구자들은 사람들을 여러 팀으로 나누었는데, 이때 뛰어난 두뇌를 가진 사람들로만 구성된 팀이 있었다. 이 팀의 이름은 '아폴로'였다. 연구팀이 여러 팀의 성과를 분석해보니 놀라운 결과가 나타났다. 누구보다 명석한 두뇌를 가진 아폴로 팀의 성과가 그다지 좋지 못했던 것이다. 어떤 경우는 꼴찌를 하기도 했다. 왜 이런 결과가 나온 것일까?

아폴로 팀의 구성원들은 다른 사람의 말을 잘 듣지 않았고 자신의 주장만 내세웠다. 설득하려는 사람은 많은데 그걸 수용하는 사람은 없으니 일치된 결론이 나올 수 없었다. 잦은 논쟁이 벌어졌고 감정적인 대립도 발생했다. 성과가 안 좋은 건 당연한 일이었다.

아폴로 효과는 끝내주는 스펙의 인재들만 영입한다고 해서 그 조직이 잘되지 않는다는 교훈을 알려준다. 그래서 팀을 짤 때에는 단지 능력 위주로만 할 것이 아니라, 구성원 개개인이 얼마나 조화를 이룰 수 있는지를 살펴야 한다.

고전에도 인재를 쓰는 방안에 대한 교훈들이 많다. 〈명심보감〉에 '의인막용, 용인물의(疑人莫用 用人勿疑)'란 가르침이 있다. 사람이 의심스러우면 쓰지 말고, 사람을 썼거든 의심해서는 안 된다는 의미이다. 처음부터 믿을 수 있는 사람을 쓰라는 얘기도 되지만, 썼다면 믿고 기다려주란 얘기도 된다. 조직에서 리더의 역할이 크지만 결국 일을 실행하는 건 팔로워들이다. 누구에게 어떤 일을 맡길 것인지 신중해야 할 이유다.

조직이 성과를 내려면 인재를 잘 배치하는 것만으로 끝나는 게 아니다. 각 구성원이 가장 최적의 활동을 할 수 있어야 한다. 10명의 구성원이 모였다면 그들 모두가 힘을 합쳐 일해야 한다는 것이다. 10명이 모였는데 7, 8명 정도의 힘이 나오면 안 된다.

독일의 심리학자인 링겔만이 줄다리기 실험을 통해 집단 구성원들의 공헌도를 측정했다. 그는 힘 측정 장치가 달린 줄을 준비하고 실험 참가자들에게 줄을 당기게 했는데, 참가자들 숫자를 조정하면서 그 차이를 기록했다. 실험 결과는 뜻밖이었다. 사람들의 숫자가 증가하면 그에 따라 힘의 크기도 증가해야 하는데, 그렇지 않았다. 개인의 힘 크기를 100%라고 가정했을 때 3명이 당기면 인당 100%가 아니라 85%의 크기가 나왔고, 8명이 당기면 힘의 크기가 인당 49%로 줄어들었다. 구성원이 많아질수록 개인이 내는 힘의 수치가 작아지는 것을 확인한 것이다.

이는 다수라는 익명성 뒤에 숨어 '나 하나쯤이야.'라는 생각으로 무책임해졌기 때문이다. 바로 '책임의 분산'이다. 조직에서 동일한 업무에 대해서 여러 사람이 동일한 과제를 부여받았을 때 이 책임의 분산이 일어나는데, 이것을 막기 위해서는 개개인의 고유성이나 독자적인 역할을 부여해야 한다.

링겔만의 실험과 비슷한 실험이 국내에서 행해진 적이 있었다. 씨름부

중학생 열 명을 대상으로 한 사람씩 바벨이 달린 줄을 당겨 얼마 만큼의 무게를 들 수 있는지 측정했다. 그런 다음 열 명이 각각 들어 올린 바벨들의 무게를 합해서 이를 열 명이 함께 들게 했다. 결과는 실패였다.

실패한 후 열 명의 씨름부원들 각자에게 다른 색의 유니폼을 입히고 번호를 부여했다. 그리고 각자에게 역할을 부여했다. 말이 역할이지 특별한 의미가 있었던 건 아니었다. 이를테면 어떤 아이에게는 좀 더 아래로 줄을 당겨라, 또 다른 아이에게는 줄에 몸을 실어 당겨라 등이다. 그런 다음 다시 한 번 바벨을 들어 올리게 했다. 결과가 어떻게 되었을까? 놀랍게도 열 명은 좀 전에 들지 못한 바벨을 힘껏 들어 올렸다.

앞선 시도와 두 번째 시도의 차이점은 무엇이었을까? 바로 구성원들 각각을 옷과 번호로 구분했고 각자에게 역할을 부여했다는 점이다. 다수로 모여 있던 사람들이 개인별로 구분되자 자신의 역할을 명확히 인식하고 최선을 다해 힘을 냈던 것이다. 이처럼 조직에서 개개인에게 역할과 책임을 명확히 부여한다면 팀 전체로 임무를 부여받은 것보다 더 좋은 효과를 얻을 수 있다. 리더는 한정된 인적자원을 이용해 최선의 결과를 만들어야 하는 책임을 부여받은 자로서 팀을 효율적으로 운영해야 한다.

리더의 핵심자질 4 _ 훈(訓)

가르치고 훈련하라는 의미다. 리더의 사명 중 하나가 후배들을 자신과 같은 리더로 성장시키는 것이다. 실력을 갖춘 리더로 성장시키기 위해 교육과 훈련의 기회를 충분히 부여하고 스스로 능력을 갖출 수 있도록 이끌어주는 것이 훈(訓)의 개념이다. 많은 기업이 리더와 구성원들을 성장시키기 위해서 교육에 신경을 쓰고 있다. 교회나 사찰 같은 곳에서도 교육과 훈련 프로그램이 운용된다. 다양한 교육 프로그램에 직원들을 참여시키고, 강사를 초빙해 사내 강연을 열기도 한다. 그런데 과연 이러한 것이 효과가 있을까? 여기에서 한 번 짚어볼 필요가 있을 것 같다.

강의장에서 교육의 효과에 대해 리더들과 진솔하게 대화를 나눠본 적이 있다. '교육과 훈련을 통해 사람들이 얼마나 바뀌겠나?'하는 부정적인 생각을 가진 리더들이 적지 않았다. 교육 내용과 받아들이는 사람에 따라 다를 수 있겠지만, 어떨 때는 교육 후 1주일만 지나도 내용이 기억나지 않는데 무슨 효과가 있겠느냐는 것이다.

이러한 리더들의 인식에도 불구하고 나는 교육이 필요하다고 생각한다. 교육학자 엘런 브름도 "기억된 것은 반드시 재생된다."며 사람에게 교육이 꼭 필요하다고 주장했다.

약 15년 전 일이다. 내가 기업에서 강의를 처음 시작하던 무렵 교육이 정말 의미가 있는 것인지, 아니면 이벤트인지 스스로 의문을 가진 적이 있다. 그때 선배 강사에게 아주 의미 있는 이야기를 들었다. 콩나물시루 이야기였다.

예전에는 콩나물을 집에서 키웠다. 건넛방에 있는 콩나물시루에 정성스레 매일 물을 부었는데, 시루에 크게 뚫린 구멍 때문에 물이 곧 다 빠져버리고 아무것도 남지 않았다. 이래서야 콩나물이 자랄 수 있을까 싶었지만, 어느 순간 콩나물의 키가 쑥쑥 커졌다. 물은 다 빠져버리고 아무것도 남는 것 같지 않지만 콩나물은 자란다는 것이다. 선배 강사는 나에게 교육의 효과가 이와 유사하다고 설명해줬다. 사람들이 교육받는 내용을 기억하지 못하는 것 같지만, 머리와 가슴 속에 쌓이고 쌓여 그들을 성장시키는 원동력이자 에너지가 된다는 것이다.

사람은 생각이 멈춰 있을 때 의식의 하향 곡선을 그린다. 반대로 책을 읽거나 교육을 받거나 토론하는 등의 자극이 있을 때, 스스로 의식을 끌어올려 생각의 폭과 깊이를 더한다. 다시 말해 '생각하는 사람'이 된다는 것이다. 교육과 훈련은 사고의 깊이를 더하고 생각하는 사람으로 만들어, 생각의 질이 높은 상태를 유지할 수 있다. 이런 상태에서 사물을 바라보는 통찰력이 생기기도 하고, 미래를 바라보는 계획이 그려지기도 하며, 현실에 묶인 문제를 해결할 아이디어가 나타나기도 한다.

학습(學習)에서의 학은 배울 학(學)이다. 지식과 태도를 배우는 것을 의미한다. 익힐 습(習)은 배운 것을 실천하거나 내 기술로 만드는 것을 의미한다. 이것이 진정한 학습이다. 하지만 지금까지 우리는 배우기는 많이 배웠지만, 배운 것을 진짜 내 것으로 만드는 습(習)의 단계까지 가기는 힘들었다. 주입식 교육, 즉 구슬을 꿰는 방법은 가르쳐주지 않는 교육방식의 한계에서 나타난 결과이다. 학교 교육과 달리 기업에서의 교육과 훈련은 습(習)으로 이어질 수 있도록 배운 것을 활용하고 내 것으로 만드는 작업이 이어져야만 한다. 그래야만 진정한 학습의 추구를 통해 학습자를 성장시킬 수 있기 때문이다. 세련미가 떨어지는 조직일수록 텃세가 심하고 정보공유가 잘 이뤄지지 않는다. 이런 조직 문화에서는 사람을 키우는 인재 육성이 쉽지 않다.

크든 작든 당신은 기부해본 적이 있는가? 내 것을 내놓는 기부행위는 쉽지 않은 일이며 용기가 필요하다. 그런데 한 번 해보면 뿌듯해서 나의 존재감이 커지는 것을 느낀다. 그래서 꾸준히 반복적으로 기부를 통해 의미 있는 삶을 만들고자 노력한다. 조직 안에서 사람을 키우고 후배들이 올바로 성장할 수 있도록 정성을 기울이는 행위도 '작은 기부'에 속한다. 어찌 보면 물질을 내는 기부보다 더 어렵지만, 대단히 가치 있는 행동이다. 여기엔 조직 분위기도 매우 중요하다.

어떤 조직은 리더가 공동체를 자기만의 것인 양 꽁꽁 묶어놓고 구성원들을 헤아려주지 않는다. 반면에 정보의 공유와 노하우를 후배들에게 자연스럽게 전해주는 열린 문화의 조직도 있다. 어떤 기류가 흐르는 조직이 행복하고 성장할지 결과는 뻔히 예측된다. 당신이 경영자라면 이런 문화가 회사에 자리 잡도록 전력투구해야 한다. 적어도 장기적으로 회사를 성장시키기 위해서 말이다.

결론적으로 조직 공동체 내부에 가치 있는 정보가 자연스럽게 흘러다닐 수 있는 토양이 형성돼 배우고자 하는 의지가 있다면 누구나 성장의 기회를 얻을 수 있어야 한다. 이것이 구성원들의 역량 향상을 위한 매우 중요한 문화로, 조직은 기회를 부여하고, 개인은 기회를 통해 성장하며 그 성과가 다시 조직으로 귀속되는 선순환 구조가 필요하다. 이것이 학습 조직이며 성과 조직이다.

이순신 장군은 끊임없이 훈련을 강조했다. 장군이 좌수영 산하의 5관 5포를 방문할 때마다 먼저 병사들과 함께 활쏘기를 하고 용무를 보았을 정도로 활쏘기 훈련을 하나의 관문처럼 습관화했다. 또한 조선 수군의 핵심역량이었던 함포사격의 효율을 높이기 위해서 많은 시간 동안 훈련으로 정확도를 높였다. 파도가 치는 바다 위에서 움직이는 적선을 맞추는 것은 말처럼 쉽지 않았다. 장군은 바다에서 직접 진법 훈련을 했고, 함포사격 기술이 손에 익을 때까지 훈련을 반복해, 장수들과 병사들이 실전에서 능숙하게 활약할 수 있는 역량을 갖추게 했다.

리더의 핵심자질 5 _ 평(評)

신상필벌(信賞必罰), 공정하게 평가하는 것을 의미한다. 흔히 평가에 대해서 말할 때 공정, 공평이라는 단어가 많이 나온다. 두 단어는 비슷한 것 같지만, 사실은 매우 다른 의미를 지니고 있다.

공정은 사회적 합의를 통해 상식적으로 인정할만한 기준을 근거로 평가나 분별하는 것으로, 시장경제 체제하에서 정착됐다고 볼 수 있다. 기업에서는 개개인의 성과라는 기준에 의해 성과급을 차등 지급하고, 조직에 대한 기여도와 능력에 따른 인사평가로 승진의 기회를 부여하는 것. 이것을 공정한 평가라고 할 수 있다. 반면에 공평은 능력과 기준이 아닌 정량적으로 구분하는 것을 의미한다.

두 가지를 구분할 수 있는 아주 쉬운 얘기를 해보겠다. 부서 회식을 하고 계산을 할 때 "팀장인 내가 5만 원 낼 테니, 과장급은 3만 원씩 걷고, 사원급은 2만 원씩만 각출해."라고 하면 공정하다고 볼 수 있다. 반면 "직급이나 월급과 관계없이 1/*N*로 회식비를 각출하자."라면 공평의 원리로 볼 수 있다.

공평의 원리는 공산주의 원리와 흡사하다. 예를 들면 협동농장에서 200명이 농사를 짓는데, 새벽 3시에 빗소리에 깨어 문을 열어 보니 비가 억수같이 내리고 있었다. 그대로 놔두면 논이 물에 잠겨 농사를 망치게 된다. 하지만 협동농장의 사람들은 너무 피곤한 나머지 '누군가 나가서 처리하겠지'라고 생각하며 아무도 나가지 않는다. 하지만 내 논이라면 어쩌겠는가? 몇 시가 됐든 얼른 삽을 들고 나가 논에 물꼬를 낼 것이다. 공산주의 체제하의 경제가 흥하기 어려운 요인이 바로 경쟁의 원리가 없다는 것이다. 노력을 하든 하지 않든 균등하게 열매를 쥐어주니, 사람들이 노력하지 않는 것이다. 그때문에 조직에서의 평가는 경쟁의 원리를 가진 공정한 평가가 중심이 되어야 한다.

하지만 우리 사회 곳곳에서 공정한 평가라는 원칙은 잘 지켜지지 않고 있다. 공정한 인사평가 기준이 있는데도 불구하고, 상사에게 잘 보여서 승진하고 많은 연봉을 받는 경우는 우리 주변에서 심심치 않게 발견된다. 공공기관 부정취업률이 상상을 초월하는 수준이라는 언론보도는 공정한 입사 평가를 기대했던 많은 젊은이를 허탈하게 만들었다. 강원랜드의 경우 2013년 합격자 518명 중 493명이 부정취업 한 것으로 드러났다. 공정한 평가가 없이 인사관리를 한다면, 그런 사람들이 조직을 위해 최선을 다해 일할 수 있을까. 그리고 그 조직은 미래를 향해 나아갈 수 있을까. 지극히 상식적인 문제다.

공정한 평가는, 조직과 그 구성원을 건강하게 성장시키는 데 기본적인 조건이다. 실력만으로 평가받으면 누구라도 최선을 다하지 않을 리

없다. 그렇게 최선을 다할 줄 아는 사람들이 일하는 조직은 발전하는 게 당연하다.

공정한 평가로 팀을 운영해 좋은 성과를 내는 대표적인 예가 우리나라 양궁 국가대표팀이다. 양궁은 철저하게 실력만을 유일한 평가 기준으로 삼아 대표선수를 선발하고 있으며, 어떤 화려한 스펙이나 인맥의 선수라 해도 예외가 되지 않는다.

2017년 세계양궁선수권 대회 파견을 위한 대표팀 선발전에 기보배 선수가 탈락해서 화제가 됐다. 기 선수는 2012년 런던올림픽 2관왕, 2015년 코펜하겐 세계선수권 금메달, 2016년 리우올림픽 금메달, 세계랭킹 2위의 자랑스러운 실력을 갖춘 선수다. 그런데 그가 선발에 탈락한 것이다. 이 사건은 국내뿐 아니라 세계 양궁계에서도 놀랍게 바라보았다고 한다. 올림픽에서 금메달을 따는 것보다 한국 대표팀에 뽑히는 게 더 어렵다는 얘기가 농담이 아니었던 것이다.

대한민국 양궁이 세계 최강의 자리에서 내려오지 않는 비결은 의외로 간단하다. 4,055발을 잘 쏴야 국가대표가 된다는 것. 세계랭킹, 이름값, 지난 대회 성적, 모두 의미 없는 지난 과거다. 양궁협회는 평가전 시작부터 마지막까지 누가 더 잘 쏘았느냐는 철저한 기록과 원칙대로 선수를 선발해 왔다. 이러한 투명하고 공정한 선수선발 원칙은 선수들의 동기부여뿐만 아니라 치열한 내부경쟁을 강화하는 선순환 구조로 대한민국 양궁의 자존심을 유지할 수 있는 근간이 되고 있다.

공정한 사회가 만들어지기 위해서는 공정한 평가가 우선돼야 한다. 기업에서 공정한 평가는 조직원의 사기와 몰입에 매우 중대한 역할을 한다.

또한 조직과 제도에 대한 믿음의 뿌리는 공정한 평가를 통한 보상에서 시작된다.

인사평가는 1년 간의 성적표와 같다. 학생이 시험을 본 후 받는 성적표에 등수가 기재되고 노력의 결과에 대한 만족과 보상을 받는 것과 같이, 직장인에게는 인사평가가 조직에서 자신의 영향력과 연봉을 결정하게 하고, 승진에도 결정적인 역할을 한다. 그런 중요한 과정이 공정하지 못하다고 판단되면 모든 열정이 한순간에 사그라질 뿐만 아니라, 그 조직에 계속 남아야 하는지 고민하게 될 것이다. 물론 애사심이나 충성심을 기대할 수도 없다. 그렇기에 리더의 인사평가는 매우 신중하며 공정해야만 한다.

피터 드러커는 추종자나 약삭빠른 사람이 승진한다면 그 조직은 더 이상 성과가 향상되지 않을 것이고, 추종이 대세가 돼 조직에 대한 존경심이 사라질 것이라고 했다. 잭 웰치는 리더로서 구성원들의 평가를 끊임없이 지속하고, 동기부여와 분발을 촉구하며, 보상과 책임을 제공하는 일이 능력주의 사회에서 매우 중요한 일이라고 말했다.

공정하다는 것은 모든 사람을 똑같이 대우하는 것이 아니다. 능력 · 성과에 따라 차등적으로 대우하고, 포상하는 것이다. 이순신 장군은 공정한 성품이었기 때문에 '불평등한 대우'로 공정성을 유지했다. 공이 있다면 평민, 노비의 신분을 가리지 않고 적극적으로 포상했다. 조정에 올린 승전보에도 작은 공이라도 가벼이 여기지 않고 꼼꼼히 기록해 그들이 포상받을 수 있도록 배려했다.

반면 잘못에 대한 벌은 확실했다. 백성의 개를 잡아먹은 사병을 잡아다 곤장 80대를 때린 것이며, 술을 먹고 훈련에 참여하지 않은 병사를 곤장으로 다스리는 엄격함을 보면, 잘잘못에 대한 명확한 신상필벌을 통해 조직의 규율을 강화했음을 알 수 있다.

공정의 원리는 단순하다. 잘한 사람에게 상을 주고, 못한 사람에게 벌을 주는 것이다. 리더 혹은 CEO의 기분에 따라 운영되는 인사평가라면 빵점짜리다. 지금 당신의 조직은 어떤 인사정책을 운영하고 있는가. 만약 열심히 일하고 성과가 뛰어난 사람들이 조직을 자꾸 떠나려 한다면, 인사정책을 들여다봐야 한다.

당신이 함께하는 사람은 누구인가?

르네상스 부흥기를 이끈 3대 거장인 레오나르도 다빈치, 미켈란젤로, 라파엘로는 모두 인구 7만 명의 작은 도시인 피렌체에서 활동하며 천재 예술가로 인정받았다. 이들이 천재라는 평가를 받을 수 있었던 것은 재능 때문이기도 하지만, 동 시대에 같은 길을 가는 동지들이 있어서였다. 이들은 경쟁자이기도 했지만, 서로에게 영향을 주고받으며 최고의 작품을 만들어낼 수 있는 영감을 얻었다.

사람은 혼자 있을 때 부족한 부분을 채우기가 쉽지 않다. 심지어 무엇이 부족한지 깨닫기도 어렵다. 누군가와 함께할 때 이런 부분들을 해결하며 위대한 업적을 이루는 경우가 많다. 이순신 장군에겐 류성룡이라는 파트너가 있었다. 당대 권력 2인자가 자신을 천거하고 지지하는 관계였다는 것은 그에게 심리적으로 많은 힘이 되었다. 류성룡은 실질적으로 장군에게 많은 지원을 해주었다. 이순신의 역사에 적지 않은 영향력을 발휘한 셈이다. 반대로 보면 류성룡도 이순신이라는 영웅을 발탁하고 지원해 조선을 구하는 데 큰 역할을 할 수 있었다. 그 업적 덕분에 지금까지도 이름을 남기고 있는 건 아닐까.

서로에게 힘이 되는 환상적인 조합으로 두 사람의 성과가 더 커진 결과라고 볼 수 있다. 이렇듯 사람은 주변 환경에 많은 영향을 받는다. 나는 어떤 영향력 아래 살아가고 있는지 점검해볼 필요가 있다.

나에게 영향력을 미치는 사람들

세상을 혼자 살아가는 사람은 없다. 아리스토텔레스는 인간은 사회적 동물이라고 말했다. 흔히 말하듯 세상은 더불어 살아야 한다. 당신의 인생에 영향을 주는 사람들을 누구인가? 그 사람들을 분명히 인식해야만 한다. 행복도 성공도 혼자 이룰 수는 없다. 모든 것들을 이루기 위해서는 분명히 도와주는 사람들이 필요하다.

아마도 당신의 주변엔 두 종류의 사람들이 존재할 것이다. 당신이 비전과 목표를 향해 나갈 때 긍정적인 영향력을 미치는 사람과 부정적인 영향력을 미치는 사람이다. 어떤 사람이 당신에게 도움이 될까?

관계에는 보이지 않는 분명한 법칙이 존재한다. 우리말에 '끼리끼리'라는 말이 있다. 그리고 '유유상종(類類相從)'이란 말도 있다. 둘 다 비슷한 사람끼리 어울리게 된다는 의미다. "친구를 보면 그 사람을 알 수 있다."란 얘기가 있다. 그 사람을 알고 싶다면 그 친구를 보라는 말이다. 친구관계는 가족관계나 직장에서의 동료관계처럼 자신의 의지와 관계없이 만들어지는 관계가 아니다. 서로의 성향과 느낌, 가치관

등이 맞아야 관계가 이뤄지고 진전된다.

비슷한 사람들끼리 어울리면서 더욱더 닮아간다. 자식이 부모의 습관을 닮아가듯 우리는 많은 시간을 함께하는 사람을 닮아간다. 보고, 듣고, 느끼는 모든 것들에서 함께하는 파트너와 비슷한 행동양식을 보이게 된다. 부정적인 영향을 주는 사람과 어울리면 나의 모든 것이 부정적으로 바뀌어 갈 것이고, 긍정적인 영향을 주는 사람과 어울리면 내가 긍정적으로 바뀌어 갈 것이다.

누구와 함께할 것인가

자신과 함께하고 있는 사람에게 자신이 영향을 받고 있다는 사실을 과소평가하는 사람들이 매우 많다. 하지만 시간이 지나면 알게 될 것이다. 얼마나 많은 영향력이 당신에게 미쳤는지를…. 당신의 성공과 행복에 얼마나 큰 영향을 줬는지를….

탈무드에 "아내를 고를 때는 한 계단 내려가고, 친구를 고를 때는 한 계단 올라서라."라는 말이 있다. 당신보다 나은 친구를 사귀는 것이 탈무드에서 말하는 지혜이다. 당신이 어떤 사람과 사귀고 만나는지에 따라 관심사나 인생을 살아가는 방법, 인생의 목표 등이 달라질 수 있다.

철학 책을 통해 생각의 깊이가 달라지고 인문고전을 읽고 생각의 넓이가 달라지듯, 당신이 함께하는 사람들을 통해 당신이 달라질 수 있다. 그러므로 긍정적인 영향력, 발전적인 영향력, 선한 영향력을 가진 사람과 함께하는 것은 당신의 인생에서 매우 중요한 일이다.

인생의 목적도 방향도 없는 사람을 피하라. 방향이 없는 사람은 희망도 없다. 그리고 열정도 없다. 그냥 그 자리에서 그렇게 있을 뿐이다. 그 옆에서 당신이 얻을 수 있는 것은 아무것도 없다. 오히려 당신의 열정 에너지를 둔화시킬 뿐이다.

자신의 인생에서 목적을 분명히 세운 사람을 만나라. 목적은 인생을 살아가는 데 기준이 된다. 무엇을 해야 하고, 무엇을 하지 말아야 하는지 알려준다. 기준이 있는 사람들은 분별을 잘하는데, 이것이 지혜의 핵심이다. 결국 목적을 분명히 세운 사람이 지혜로울 수 있으며, 웬만한 바람에도 흔들리지 않는다. 이런 사람들과 선한 영향력을 주고받아라.

사람과 주변을 향해 불평을 늘어놓는 사람을 피하라. 어느 곳이나 불평, 불만이 많은 사람이 꼭 있다. 그들과 함께 있다 보면 자신도 모르게 불평이 늘어가고 삐뚤어진 시선으로 사물을 바라보고 평가하게 된다. 이것은 매우 나쁜 습관이며 전염성이 매우 강하다. 마치 몸속에 DNA처럼 순식간에 우리 몸을 점령한다.

독감 걸린 사람을 피하고, 눈병 걸린 사람을 피하는 것보다 더욱 시급한 것은 주변을 멍들게 하는 불평인(人)을 피하는 것이다. 지금 당신 곁에 그런 사람이 있다면 빨리 그 옆에서 떨어져야 한다.

이순신 장군은 우리 역사에 길이 남을 위대한 무장이다. 그러나 그의 성과는 그 혼자만의 것은 아니다. 무인으로서의 타고난 재능, 끊임없는 노력이 가장 큰 요인이지만, 장군과 함께한 협력자들을 기억하지 않을 수 없다. 그들의 공동체를 향한 깊은 애정과 강인한 책임감에 뜨거운 박수를 보낸다.

지금 당신의 삶은 어떠한가. 당신이 속한 조직은 어디를 향해 가고 있는가. 변화하고 싶고 이대로는 안 되겠다고 생각하는가. 이순신 장군과 그 협력자들의 리더십을 배워야 할 때다.

Foreign Copyright:
Joonwon Lee
Address: 13F,127, Yanghwa-ro, Mapo-gu, Seoul, Republic of Korea 3rd Floor
Telephone: 82-2-3142-4151
E-mail: jwlee@cyber.co.kr

리더십, 난중일기에 묻다

2018. 1. 25. 초판 1쇄 발행
2018. 12. 19. 초판 4쇄 발행
2021. 1. 7. 장정개정 1판 1쇄 발행
2022. 7. 21. 장정개정 1판 2쇄 발행

지은이 | 김윤태
펴낸이 | 이종춘
펴낸곳 | BM (주)도서출판 성안당
주소 | 04032 서울시 마포구 양화로 127 첨단빌딩 3층(출판기획 R&D 센터)
10881 경기도 파주시 문발로 112 파주 출판 문화도시(제작 및 물류)
전화 | 02) 3142-0036
031) 950-6300
팩스 | 031) 955-0510
등록 | 1973. 2. 1. 제406-2005-000046호
출판사 홈페이지 | **www.cyber.co.kr**
ISBN | 978-89-315-9078-4 (13320)
정가 | 14,800원

이 책을 만든 사람들
책임 | 최옥현
기획 | 출판기획전문 (주)엔터스코리아
편집 · 진행 | 조혜란
교정 · 교열 | 안종군
일러스트 | 이영호
본문 디자인 | 하늘창
표지 디자인 | 디엔터, 박원석
홍보 | 김계향, 이보람, 유미나, 이준영
국제부 | 이선민, 조혜란, 권수경
마케팅 | 구본철, 차정욱, 오영일, 나진호, 강호묵
마케팅 지원 | 장상범, 박지연
제작 | 김유석

■ **도서 A/S 안내**

성안당에서 발행하는 모든 도서는 저자와 출판사, 그리고 독자가 함께 만들어 나갑니다.
좋은 책을 펴내기 위해 많은 노력을 기울이고 있습니다. 혹시라도 내용상의 오류나 오탈자 등이 발견되면 "좋은 책은 나라의 보배"로서 우리 모두가 함께 만들어 간다는 마음으로 연락주시기 바랍니다. 수정 보완하여 더 나은 책이 되도록 최선을 다하겠습니다.
성안당은 늘 독자 여러분들의 소중한 의견을 기다리고 있습니다. 좋은 의견을 보내주시는 분께는 성안당 쇼핑몰의 포인트(3,000포인트)를 적립해 드립니다.

잘못 만들어진 책이나 부록 등이 파손된 경우에는 교환해 드립니다.